새들의 올림픽경기

대한과학진흥회 _엮음

스완미디어
SWAN MEDIA

책 머리에

오늘날 우리들은 고도로 발달된 과학 문명의 혜택 속에 살고 있습니다.

우리의 선진 조국 창조를 위해 무엇보다 중요한 것이 과학기술의 개발입니다. 특히 자원이 부족한 우리나라에서 가꾸어야 할 유일한 자원은 과학 기술로 무장한 풍부한 인력 자원입니다.

대한 과학 진흥회에서는 배우는 학생들을 위해 사물을 깊이 관찰하는 습관과 합리적이고 창의적인 과학적 사고를 심어 주기 위한 방법의 하나로 과학 문고를 엮어 내고 있습니다.

과학 문고를 펴냄에 있어서 딱딱한 과학지식을 그림을 곁들여 쉽고 재미있게 이야기로 풀어 써서 학생들이 스스로 원리를 발견하고 재미를 느끼게 함으로써 과학의 여러 분야에 대하여 흥미를 갖고 접근할 수 있도록 하였습니다.

이 책과 더불어 많은 학생들이 과학에 깊은 관심을 갖고 탐구심과 창의력을 기르며 과학을 생활화 할 줄 아는 사람이 되는데 많은 도움이 되었으면 하고 바라는 마음 간절합니다.

기획편찬 **대한과학진흥회**

차례

새들의 올림픽

새들도 지금 그들의 올림픽 경기대회에 출전하기 위해 열심히 연습하고 있는지도 모릅니다. 새들은 새로운 기록을 세우기 위해 여러 종목에 걸쳐 연습을 게을리하지 않고 있습니다. 새들도 올림픽대회를 한다구요? 그거 정말 재미있는 일인데요. 새들을 하늘의 넝마주이들이라고 부릅니다. 대부분 하늘을 날면서 먹이를 찾기 때문이지요.

기능 경기

둥지

새들의 집 짓는 기술은 참으로 여러 가지입니다. 새들도 살아가자면 집이 필요합니다. 누가 지어 주는 것이 아닙니다. 스스로 집짓는 기술을 익혀야 합니다.

집은 비바람을 피하는 안식처가 되기도 하고, 새끼를 기르는 보금자리 역할을 하기 때문에 집을 잘 지어야겠지요. 새가 집을 짓는 방법과 장소는 대단히 많습니다.

바느질새

바느질새는 인도의 남부, 스리랑카, 버마, 말레이지아에 많이 삽니다.

몸길이가 약 12cm인 이 새는 나뭇잎 두 장을 마른

줄기나 풀로 꿰매서 집을 짓습니다. 부리로 먼저 나뭇잎 가장자리에 구멍을 뚫습니다. 그리고 거미줄이나 식물의 줄기로 꿰어 주머니 모양의 둥지를 만들고 새끼를 기릅니다.

피리새

아프리카에 사는 참새 비슷한 피리새는 아주 우수한 건축가입니다. 풀로 바구니 모양의 집을 짓는데는 그 실력을 따를 수 없습니다.

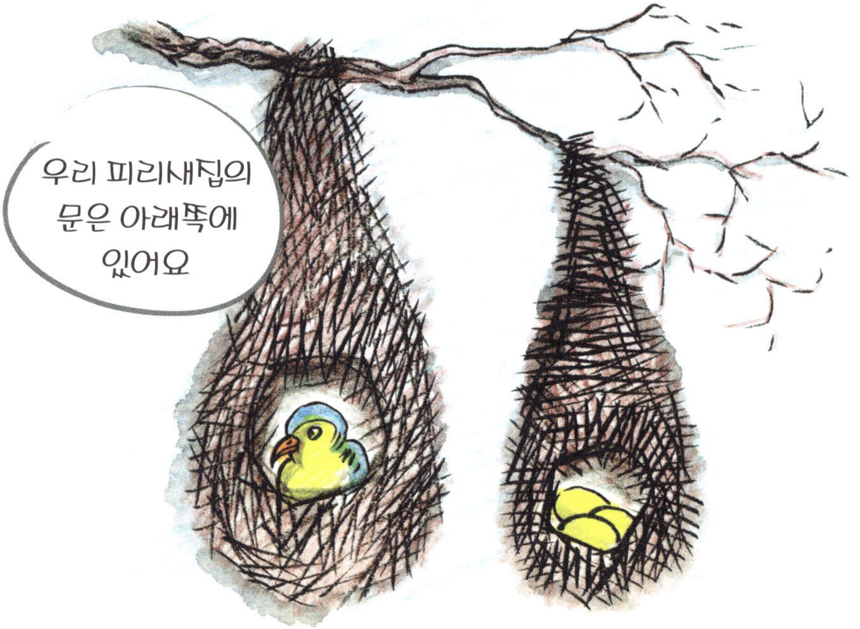

둥지를 만들 때는 먼저 풀을 엮어 만든 고리를 나뭇가지나 잎에 매답니다. 그러고나서 둘레에 있는 둥지 재료를 써서 고리 안쪽으로부터 엮어 갑니다. 다 만들어진 집은 자기의 몸보다 약간 큰 공 모양입니다.

피리새는 출입구를 아래쪽에다 만듭니다. 그 속의 알이 떨어지지 않게 칸막이를 합니다. 이와 같은 집을 만드는 데는 약 300가닥의 풀잎 줄기가 쓰였다고 합니다.

댕기칼새

댕기칼새는 2.5cm정도로 둥지를 작게 만듭니다. 나무껍질이나 새의 솜깃털이나 말라버린 풀을 붙여 둡니다. 그리고 한 개의 알을 박아 끼우듯 낳습니다.

흰머리수리

미국의 흰머리수리는 둥지를 크게 틀기로 유명합니다. 둥우리의 지름이 2.6m 둥지의 깊이가 3.6m, 둥지의 무게가 약 2톤이나 됩니다. 흰머리독수리는 몸집이 크니까 둥지도 물론 커야겠지요.

무덤새

뉴기니아의 무덤새는 낙엽이나 식물의 부스러기를 모아서 지름 10m 높이 4.5m나 되는 아주 큰 무덤을 만듭니다. 이 속에 알을 낳고 풀이 썩어 발효되는 열로 알을 깝니다. 스스로 알을 품지 않습니다.

오스트레일리아에 사는 무덤새는 유칼립투스 나무숲에서 삽니다. 이 숲에는 한낮의 기온과 새벽의 가장 추운 시간의 기온 차이가 17도나 됩니다. 더구나 여름 동안에는 퇴비가 썩어 발효하는데 필요한 물기가 충분히 없습니다. 그래서 이 새는 매년 11개월 이상을 풀로 무덤을 만드는데 정성을 쏟습니다.

오스트레일리아는 여름은 사막기후 때문에 건조합니다. 겨울에는 비가 자주 내립니다. 겨울이 오는 것을 알리는 가을의 첫 소나기가 내리면, 무덤새는 깊이 1m가량의 넓은 구멍을 파고 그 속에 습기찬 나뭇잎을 깔아 보금자리를 만듭니다. 겨울이 되면 보금자리의 나뭇잎이 썩기 시작합니다. 그러면 무덤새는 열과 습기가 달아나지 않도록 그 위에 흙을 약 1m정도 덮어둡니다. 흙을 쌓아올린 그 가운데 볼록한 곳에 알을 낳습니다.

무덤 속에 알이 까이는 동안 수컷은 무덤 곁에서 잠을 잡니다. 그리고 무덤 근처에서 식사를 합니다. 잠시도 무덤을 떠나지 않습니다.

한낮의 무덤 온도가 높이 올라가면 흙을 두껍게 덮어서 그늘을 만들어 시원하게 하여 줍니다. 또 비가 오는 날에는 퇴비(풀이나 나뭇잎)가 충분히 썩도록 흙을 파헤쳐 비를 맞게 합니다.

자카보새

스리랑카 섬의 늪에 사는 자카보새는 여러 개의 둥지를 만드는 이상한 새입니다.

자카보새는 5~6개, 때로는 10개의 둥지를 만들 때도 있습니다. 그러나 이 많은 둥지 가운데서 알은 한 곳에서만 낳습니다.

왜 이렇게 많은 둥지를 만들어 놓고 한 곳에만 알을 낳을까요?

자카보새가 사는 늪에는 악어나 뱀이 많습니다. 악어

나 뱀은 자카보새의 알을 훔쳐 먹습니다. 둥지에 알을 훔치러 오는 악어와 뱀을 피하기 위하여 알을 이곳저곳으로 옮겨 놓기 위해서입니다.

울지바뀌

아메리카에 있는 울지바뀌는 둥우리를 진흙으로 덧칠한다고 합니다.

박새와 푸른머리새

미국의 박새와 푸른머리새는 둥우리를 거미줄로 감아 튼튼하게 만듭니다. 거미줄을 잘 이용하는 새로 유명합니다.

딱따구리

딱따구리는 색다르게 집을 짓습니다. 나무에 구멍을 뚫고 그 안에 보금자리를 마련합니다. 나무에 구멍을 뚫는 새로 딱따구리를 따를 새는 없습니다. 딱따구리가 어째서 그렇게 큰 힘으로 나무를 쪼을까요? 그건 단단

한 부리 때문입니다.

딱따구리의 머리에는 강한 충격에도 견딜 수 있도록 하는 스프링 같은 것이 들어 있다고 합니다. 그래서 딱따구리는 쉬지 않고 나무를 딱딱 쪼아도 뇌를 다치지 않는다고 합니다.

우리 나라에서도 여러 딱따구리 종류가 있습니다. 그런데 요즈음 와서 깊은 산 속이 아니면 좀처럼 찾아볼 수 없습니다. 천연기념물로 지정하여 보호하지만 그 수가 자꾸 줄어든다고 합니다.

경기도 광릉 숲에서 보이는 크낙새도 부리로 나무에 구멍을 파고 사는 새입니다.

논병아리

논병아리는 늪 위에 떠 있는 썩어가는 풀이나 나무를 긁어 모아 작은 뗏목 같은 것을 만들어 그 위에 둥우리를 만들고 알을 낳습니다.

알을 낳아 놓고 잠시 어디를 갈 때는 교묘하게 둥우리를 재료를 끌어당겨 알 위를 덮습니다.

물 위에 집을 짓는 새의 하나가 바로 논병아리입니다.

홍학

홍학은 진흙으로 둥우리를 만듭니다. 흙으로 만든 작고 둥근 공을 한 개, 한 개 쌓아, 높이 60cm의 원 뿔 모양의 산을 만듭니다.

벼랑제비와 흰털발제비

이 두 새는 맥주잔 모양의 흙으로 바위 절벽 아래나 다리 밑, 처마밑에 둥우리를 만들어 단단히 지어 놓습니다.

붉은상모솔새

붉은상모솔새는 아르헨티나에 사는데 모래와 쇠똥을 섞어서 짓이겨 둥우리를 만듭니다. 둥우리 한쪽에 문을 만들고, 안에는 나사 모양의 빙빙 돌아 올라가는 통로

가 있습니다. 둥우리 무게는 4kg입니다. 모양은 둥근 공처럼 생겼으며, 돌로 만든 빵을 굽는 단단한 화덕처럼 생겼습니다.

이 새는 아르헨티나의 도로변에 줄지어 서 있는 전주에 집을 짓습니다.

솔새

북아메리카에 사는 솔새는 뛰어난 건축예술가라 합니다.

작고 튼튼한 바구니와 같은 둥우리를 짭니다. 이것을 V자 모양으로 벌어진 작은 나뭇가지에 매답니다. 둥우리를 매단 솜씨가 여간 아닙니다. 매단 둥우리는 아주 아름답다고 합니다.

꾀꼬리

아메리카에 사는 아메리카꾀꼬리도 집을 작은 나뭇가지에 매답니다. 밑이 더 깊어 마치 서양 돈주머니 같은 모양입니다.

오로펜돌라

아메리카 열대지방에 사는 이 새는 둥우리를 만드는 데 한 달이나 걸린답니다. 90cm나 되는 긴 양말을 짜서 한 그루의 세이바나무에 20~30개나 되는 긴 둥우리를 달아 둡니다.

푸른넓적부리

푸른넓적부리새는 말라야에 삽니다. 이 새는 복잡하게 짠 둥우리를 한 가닥의 긴 실로 매어 숲속의 물이 괸 바로 위의 나뭇가지에 달아 둡니다.

바위솔새

오스트레일리아에 사는 바위솔새가 만든 둥우리는 잘 부서지기 쉽습니다. 둥우리는 자루 모양입니다. 바위솔새는 둥우리를 끈끈한 거미줄로 동여매어 부서지는 걸 막습니다.

칼새

칼새만큼 기묘한 둥우리를 만드는 새는 없습니다. 혀에서 나오는 끈끈한 침을 사용하여 둥우리를 바위처럼 단단하게 굳힙니다.

제비꼬리칼새

아메리카 열대지방에 사는 제비꼬리칼새는 혀에서 나오는 끈끈한 침과 깃털을 써서 둥우리를 만듭니다.

길이 60cm가량의 대롱과 같은 모양의 둥우리를 바위에 달아맵니다.

야자칼새

야자칼새는 열대지방에 사는 새입니다. 아래로 축 처진 야자잎에 텐트 모양의 깔개를 깝니다. 그 위에 알 2개를 수직으로 붙입니다. 야자잎이 아무리 흔들리고 아래 위가 거꾸로 되어도 알이나 알을 품은 어미새는 절대로 떨어지지 않습니다. 참으로 신기하지요.

바야위버

열대지방에 사는 바야위버는 식물섬유로 얽어서 둥우리를 만듭니다. 문은 아래쪽 옆으로 내어 나뭇가지에 둥우리를 답니다. 이것은 자기 둥우리를 노리는 동물들의 습격을 막기 위해서입니다.

붉은머리재봉새

이름 그대로 붉은머리재봉새는 식물섬유로 둥우리와

잎을 꿰매는 재봉사입니다.

먼저 둥우리를 지을 큰 잎을 컵 모양으로 잡아당깁니다. 다음에는 잎 가장자리를 따라 부리로 구멍을 뚫어 식물섬유의 실로 마치 바느질을 하는 것같이 하여 잡아 맵니다.

미국 금눈 배불러

이 새는 미국의 갈대 숲에 삽니다. 갈대잎을 은빛 거미줄로 잡아매어 둥우리를 짓습니다. 그리고 튼튼한 거미줄로 전체를 갈대 줄기에 단단히 묶습니다. 거미줄은 끈끈하기 때문에 좀처럼 둥우리가 떨어지지 않습니다. 둥우리는 땅에서 그다지 높지 않는 곳에 만듭니다.

모닝 비둘기

멕시코 사막에 사는 모닝비둘기는 암수가 공동으로 집을 짓습니다. 수컷이 재료를 모아오면 암컷이 집을 짓는 일을 맡습니다.

이 새는 선인장 속에 둥지를 틀기 때문에 외적을 막

는데 큰 도움이 됩니다. 선인장은 가시가 있습니다. 웬만한 동물은 이 선인장의 가시 때문에 가까이 하지 못합니다. 모닝비둘기는 이러한 점을 이용합니다.

봄베이까마귀

인도의 봄베이 지방에 사는 까마귀는 이상한 재료로 집을 짓습니다. 대부분의 새들은 진흙, 작은 나무조각, 나뭇가지, 풀, 또는 풀잎이나 나뭇잎 줄기들을 사용하여 집을 짓습니다. 그런데 봄베이까마귀는 금테안경을 상점에서 훔쳐와 그것으로 둥우리를 만들었다는 일이 있습니다. 쇠붙이를 재료로 했다니 그저 놀랍기만 합니다.

무소새

남부아프리카의 칼라하리 사막과 마다가스카르섬엔 바오밥나무가 자랍니다. 이 나무는 줄기의 모양이 병처럼 생겼습니다. 이 나무는 1년 내내 잎이 달려 있지 않습니다. 우기의 3~4개월 동안만 잎이 달려 있습니다. 이 때 바오밥나무는 꽃을 피우고 열매를 익힙니다.

또 둘레가 25m나 되는 큰 나무입니다. 줄기의 속은 비어 있어서 많은 물을 저장할 수 있습니다. 그래서 오래도록 비가 내리지 않는 가뭄 때를 잘 견딥니다. 또 이 나무의 줄기는 아주 부드럽고 질긴 섬유질로 되어 있어서 그 속에 많은 수분을 저장합니다. 줄기를 쥐어짜면 젖은 헝겊처럼 많은 물이 흘러내립니다.

바오밥나무의 줄기와 가지에는 무소새가 많이 살고 있습니다. 특히 원숭이가 이 열매를 좋아하기 때문에 이 나무의 열매를 '원숭이의 빵' 이라고도 부릅니다.

무소새는 바오밥나무의 줄기에 구멍을 파고 보금자리를 마련합니다. 물론 새끼들을 보호하기 위해서 나무 구멍을 이용합니다.

이 나무 줄기 속엔 물이 풍부하여 살아가기에 아주 알맞은 곳이기도 합니다.

사냥 경기

물고기 사냥

물고기를 먹이로 하는 새들의 사냥법은 참 흥미롭습니다. 그 방법이 갖가지라 그 실력 또한 대단합니다.

물에서 헤엄을 치지 않고 사냥에 명수인 새들을 들어 보겠습니다.

춤추며 사냥

미국의 루이지애나 백로는 얕은 물에서 물고기를 잡습니다. 이 새는 가만히 있는 물고기는 잡아먹지 못합니다. 그래서 물 속에 있는 물고기들을 놀라게 하기 위하여 빙빙 돌면서 춤을 춥니다. 이 새가 춤을 추면 물고기들이 놀라 흩어집니다. 이 때를 놓치지 않고 재빨리 물고기를 긴 부리로 쪼아 잡습니다.

걷다가 서서 사냥

대백로는 동갈치를 주로 잡아먹습니다. 대백로는 천천히 조심조심 물에서 걸어갑니다. 걷다가 물고기를 발견하면 그 자리에 살짝 서 있습니다. 그러면 물고기가 안심하고 풀숲에서 나옵니다. 그 때를 놓치지 않고 잽싸게 잡습니다.

물 위로 날면서 잡아먹기

대백로는 물 위를 낮게 날면서 물고기 사냥을 합니다. 물 위를 낮게 날아가다가 물 위로 가까이 나와 있는 물고기를 긴 부리로 쪼아 잡습니다.

그림자를 드리워서 사냥

뱀가마우지는 물 속으로 잠수하여 사냥합니다. 물 위에서 날개를 펼치면 그림자가 생깁니다. 물 속에 드리운 그림자 속으로 물고기를 유인하기 위해서입니다. 물 속에 그림자가 드리워지면 물고기는 물 속으로 모여들기 마련입니다.

날개를 펴 사냥

붉은왜가리는 사냥에 꾀가 가장 많은 새입니다. 붉은왜가리는 먼저 물을 움직여서 물고기를 놀라게 한 뒤 양쪽 날개를 폅니다. 놀란 물고기가 날개 아래가 숨을 곳인 줄 알고 모여듭니다. 그 때를 놓치지 않고 잽싸게 잡습니다.

쫓아다니며 사냥

루이지애나왜가리는 물고기를 쫓아다니며 잡습니다. 퍽 부지런한 새입니다. 이 새는 특별한 기술이 없습니다. 그래서 쫓아다니면서 잡을 수밖에 없습니다.

기다리며 사냥

검은댕기해오라비는 다른 새에 비해 퍽 게으름뱅이입니다. 나무 뿌리 위에 앉아 얕은 물에 나타나는 물고기를 기다리고 있을 뿐입니다. 그러면 하루 종일 물고기가 나타나지 않으면 어떻게 하나요? 글쎄요, 기다리다 지치면 다른 곳으로 옮겨 가야겠지요.

떼지어 사냥

흰사다새와 작은검은가마우지는 떼를 지어 물고기를 사냥하는 게 특징입니다. 새들은 보통 혼자 사냥을 합니다. 그러나 이 새들은 혼자는 사냥을 잘 하지 못합니다. 떼를 지어 물 위를 날면서 물고기의 무리를 발견하면 우두머리새가 물 위에 내려앉습니다. 그러면 따라서 줄 위에 내려앉아 물고기떼를 가운데에 두고 그 둘레를 맴돌면서 헤엄을 칩니다. 그리고는 점점 범위를 좁혀서 물고기를 한군데로 몰아갑니다. 이렇게 해서 물고기를 잡습니다.

또 어떤 가마우지는 만의 입구나 강을 가로질러 물고기떼를 얕은 물로 몰아갑니다. 얕은 곳으로 고기를 몰

면 그 때 잡습니다. 마치 사람들이 강에서 고기를 몰아 초망을 치는 것과 아주 닮았습니다.

땅 위에서 사냥

꿀 사냥

꿀을 먹고 사는 새가 있습니다. 그게 정말이냐구요? 그렇습니다. 꿀을 빨아먹는 건 나비나 벌 그밖의 곤충으로만 여겼던 건 잘못입니다. 꿀을 먹이로 하는 새가 참 많습니다.

벌새

꿀을 가장 잘 먹는 새로 벌새가 있습니다. 뉴잉글랜드에 사는 벌새는 꽃을 앞에 두고 날개를 퍼득이면서 공중에 정지한 채 꿀을 빨아먹습니다. 바늘처럼 생긴

부리로 교묘하게 꿀을 빨아먹습니다. 이 부리는 나비의 빨대 구실을 합니다.

무지개앵무새

오스트레일리아에 사는 무지개앵무새는 가장 난폭한 방법으로 꿀을 빱니다. 털이 있는 유칼립투스꽃을 망가뜨린 다음 끝이 뾰족한 혀로 그 찐득한 꿀을 빨아 먹습니다. 이 무지개앵무새도 무리를 지어 삽니다. 숲에서 숲으로 옮겨 살면서 꽃이 가장 많이 피는 곳에 모여 삽니다.

꿀원앙새(꿀길잡이새)

꿀원앙새는 아프리카에 삽니다. 참새만한 이 새는 혼자 힘으로는 꿀을 빨아먹지 못합니다.

꿀원앙새는 꽃에 있는 꿀을 빨아먹는 것이 아니라 벌집의 꿀을 먹습니다.

꿀원앙새가 벌의 집을 발견하여도 공격하여 부수지는 못합니다. 누군가의 힘이 필요합니다. 이 일을 하여 주는 이가 오소리입니다. 꿀원앙새는 벌집을 발견하면 높은 소리로 울어댑니다. 그러면 오소리는 꿀원앙새 쪽으로 달려옵니다. 꿀원앙새는 오소리를 벌집까지 유인합니다. 벌집을 발견하면 오소리는 벌집을 발기발기 찢어놓습니다.

벌이 가만히 있느냐구요? 아니지요. 자기네들 집을 망가뜨리는데 가만히 있겠어요. 마구 오소리에게 달려들어 침을 놓지만 아무 소용이 없답니다.

오소리는 두꺼운 털과 가죽으로 싸여 있기 때문에 벌침은 들어가지 못합니다. 그래서 오소리는 마음놓고 꿀과 애벌레를 먹을 수 있지요.

이 때를 놓치지 않고 꿀원앙새는 함께 꿀을 먹게 되지요.

오소리를 만나지 못하면 꿀원앙새는 어떻게 하느냐구요? 그야 다른 상대를 구하겠지요. 오소리가 없으면 개코원숭이를 향하여 크게 운답니다. 개코원숭이도 꿀원앙새의 소리에 유인되어 벌집까지 가서 벌집을 망가뜨린답니다.

그러면 개코원숭이가 없을 때는 어떻게 할까요? 그럴 때는 꿀원앙새는 사람이 따라갈 때까지 주위를 맴돌면서 귀찮게 울어댄답니다. 사람이 따라가면 꿀이 있는 벌집까지 간다고 합니다. 사냥방법이 신기하지요. 이 새를 꿀길잡이 새라고도 합니다.

도둑 사냥

훔치기

새들도 제 혼자로는 사냥 기술이 뒤지기 때문에 다른 새가 잡은 먹이를 가로채는 얌체가 있습니다.

흰머리수리

미국의 흰머리수리는 때때로 물수리가 물고기를 잡아 둥우리에 돌아올 때를 기다렸다가 습격합니다. 흰머

리수리는 물수리보다 빠르고 힘도 셉니다. 그렇기 때문에 물수리가 먹이를 떨어뜨릴 때까지 공격합니다.

물수리가 먹이를 놓치면 얼른 밑으로 내려가 물고기가 물 위에 떨어지기 전에 채어 갑니다.

군함조

이 새는 몸길이가 1m, 날개의 길이가 2m나 되는 큰 새입니다. 부리는 가느다랗고 끝이 날카롭게 굽어 있어서 바다 위를 낮게 날면서 물고기를 잡아 먹습니다. 다른 물새들이 잡은 먹이를 공중에서 습격하여 그 먹이를 빼앗아 먹는 새로 유명합니다.

도적갈매기

도적갈매기는 해적과 같은 습성을 가지고 있습니다. 갈매기나 제비갈매기를 습격하여 갖고 있는 먹이를 빼앗습니다.

미국붉은머리오리

이 새는 잠수에 능하지 못합니다. 그렇기 때문에 다른 새가 물고기를 물고 물 속에서 떠오르기를 기다립니다. 특히 갈색사다새가 물 위에 떠올라 물을 빼기 위해서 부리를 벌릴 때 물고기를 나꿔챕니다. 아주 짧은 순간에 이루어지는 도둑사냥입니다.

개미새

개미새는 아메리카의 열대지방에서 삽니다. 이 개미새는 군대개미의 행렬을 가만히 뒤따르는 습성이 있습니다. 군대개미가 떼를 지어 행진하면 많은 곤충이 이를 피해 밖으로 뛰어나옵니다. 이 때 뛰어나온 곤충을 개미새가 잡아먹습니다. 군대개미가 이동하는 길목에는 항상 많은 곤충이 달아나기 때문에 개미새는 군대개미만 멀리서 졸졸 따라다닙니다.

땅코뿔새, 파랑새, 황조롱이

아프리카에 사는 땅코뿔새는 토인들이 목장을 개간하기 위하여 들판에 불을 지를 때 가만히 다가갑니다. 이 때 불을 피해 도망나오는 곤충을 잡아먹습니다.

이 때 파랑새는 가까운 나무에 앉아서 불을 피해 도망쳐 나오기를 잔뜩 기다리고 있다가 도망쳐 나오는 곤충을 잡아먹습니다. 황조롱이는 연기 속을 날아다니면서 잡아먹습니다.

야간 사냥

밤에만 나다니며 사냥을 하는 새들도 많습니다. 이들 새들은 대부분 고기를 먹이로 합니다.

올빼미

올빼미는 해가 지면 나들이를 합니다. 올빼미는 양눈에 빛을 모으는 커다란 힘을 가졌습니다. 그렇기 때문에 넓은 곳까지 볼 수 있습니다. 또 길다란 귀는 한 마리의 쥐가 아무리 작은 소리라도 내면 캄캄한 숲 속에서도 정확하게 그 위치를 알아맞춥니다. 청력(듣는 힘)이 아주 발달되어 있기 때문입니다.

올빼미는 먹이를 발견하면 돌진해서 굽어진 발톱으로 꽉 움켜잡아 죽여버립니다.

밤에만 나다니는 조그마한 동물들은 올빼미의 먹이가 되곤 하기 때문에 이들 동물들은 안심할 수가 없지요.

공중 사냥

공중을 날면서 땅 위의 먹이를 사냥하는 새들은 눈이 아주 발달되어 있습니다.

매

매는 땅 위의 먹이를 발견하면 곧바로 밑으로 곤두박질합니다. 곤두박질하는 속력이 1시간에 250km나 갈 수 있는 빠르기입니다. 대단히 빠른 속력입니다. 땅 위의 작은 동물들은 눈깜짝할 사이에 잡히고 맙니다. 그러나 매는 넓게 트인 땅이 아니면 힘을 제대로 못 씁니다. 깊은 산골짜기에선 매가 마음대로 먹이 사냥을 할 수 없지요.

황조롱이

작은 황조롱이는 헬리콥터처럼 공중을 맴돌다가 땅 위의 쥐나 메뚜기, 그밖의 곤충을 발견하면 살짝 내려옵니다. 날개가 헬리콥터 구실을 하기 때문입니다.

새매

새매는 아주 땅 위를 낮게 날아다닙니다. 매나 독수리처럼 높게 날지 않습니다. 저공비행을 하지요.

새매는 나무 사이로 요리조리 빠져나가 재빨리 움직일 수 있도록 다듬어진 짧고 둥근 날개가 발달해 있습니다.

새매는 작은 새를 주로 잡아먹습니다.

독수리

독수리는 하늘 높이 날고 있다가 제일 처음으로 시체를 발견하면 멀리 있는 동료들에게 몸놀림으로 알려 줍니다.

독수리는 병을 앓다가 죽었거나, 굶어 죽었거나, 불에 타 죽었거나, 사람의 손에 죽었거나, 어쨌든 시체를 먹고 살아갑니다.

독수리는 시체를 청소하는 청소부 역할까지 하고 있습니다.

뱀잡이수리

이 새는 뱀만 주로 잡아먹습니다. 그렇기 때문에 긴 다리는 두터운 껍질로 덮여 있습니다. 뱀이 물어도 끄떡도 없습니다. 공중을 날다가 뱀을 발견하면 잽싸게 덮칩니다.

벌매

벌매는 땅벌만 골라 잡아먹습니다. 그렇기 때문에 눈과 부리 사이나 이마가 비늘 모양의 깃털로 싸여 있습니다. 벌이 쏘아도 끄떡도 없습니다.

벌매도 공중을 날다가 땅벌집을 발견하면 쏜살같이 내려와 머리를 처박고 땅벌을 잡아먹습니다.

달팽이솔개

달팽이솔개는 달팽이만을 잡아먹습니다. 껍질 속에 든 달팽이를 어떻게 끄집어내 먹느냐고요?

달팽이솔개는 달팽이가 껍질에서 나올 때까지 끈기있게 발톱으로 달팽이를 누르고 있습니다. 달팽이가 나오는 순간 윗부리 끝에 있는 긴 갈고랑이로 달팽이를 찔러 맥을 못추게 한 뒤 잡아먹습니다. 이 새도 공중을 날다가 달팽이를 발견하면 어김없이 내려와 낚아챕니다.

열매 사냥

새들은 대부분 곤충이나 그밖의 작은 동물들을 먹이로 하는 게 보통입니다. 그러나 열매를 먹는 새도 적지 않습니다. 우리 둘레엔 참새가 유명하지요.

큰소쩍새

이 새는 남아메리카 북부지방에 삽니다. 야자 열매같은 기름이 많은 열매를 먹는 것으로 유명합니다.

큰소쩍새는 헬리콥터같이 공중에 정지한 채 날개를 퍼덕이면서 열매를 땁니다. 이 새는 익은 열매를 찾기 위해서 밤에 80km나 날아다닌다고 합니다.

큰소쩍새는 낮이 되면 캄캄한 동굴 속에 숨어버립니다. 이 새는 귀에 박쥐와 같은 탐지기를 갖고 있습니다. 박쥐가 초음파의 울음소리를 내어 거리를 측정하는 것처럼 '칵' 하는 초음파를 내어 열매가 있는 거리를 알아낸다고 합니다.

박쥐의 울음소리는 사람이 들을 수 없지만 큰소쩍새의 울음소리는 사람도 조금 들을 수 있습니다.

연장으로 사냥

대부분의 새들은 부리로 먹이를 쪼아먹거나 물어서 잡습니다. 그러나 단단한 열매를 먹는 새는 망치가 있어야 합니다. 껍질을 깨는 데는 망치가 있어야 하지 않

습니까? 새는 손이 없기 때문에 망치를 들고 다닐 수 없잖습니까.

그러면 어떻게 해서 망치를 구할까요. 궁금하지요. 이들 새들은 자기들의 부리를 망치로 사용합니다.

그렇기 때문에 이 새들의 부리는 망치처럼 단단하고 끌이나 송곳처럼 뾰족합니다.

유럽청딱따구리

유럽청딱따구리는 10cm나 되는 긴 혀를 뻗쳐 개미를 잡습니다. 개미를 잡으면 혓바닥으로 개미를 핥아 먹습니다.

이 새의 혀에는 끈끈한 침이 두텁게 발라져 있습니다. 어떤 꾸불꾸불한 굴이라도 들어갈 수 있을 정도로 부드럽습니다.

이 혀로 한 입 가득차게 될 때까지 운반한다고 합니다.

오색딱따구리

오색딱따구리는 굴러다니는 개암나무 열매를 깨어서 먹습니다. 오색딱따구리는 나무껍질의 옴폭한 곳에 개암나무 열매를 끼우고 강한 부리로 쪼아 열매를 깹니다.

또 곤충을 잡을 때는 부리를 사용하지 않습니다. 작은 침이 달린 혀로 먹이를 찔러 죽여 먹기도 합니다.

지능 경연

새들에게 뛰어난 지능이 있습니다. 먹이를 구하거나 둥지를 트는 것을 보면 지능이 여간 발달하지 않았습니다. 먹이와 둥지 못지 않게 알을 낳는 일도 새들에게는 빼놓을 수 없는 일의 하나입니다.

새들이 낳는 알은 완두콩 알 정도의 크기에서 타조알처럼 길이 20cm정도나 되는 알을 낳습니다. 그런데 이 알 낳는 습성이나 알을 보살피는 습성이 다 다릅니다.

자기의 알 구별하기

검은제비갈매기는 자기의 알을 잘 분간합니다. 둥우리에 똑같은 알을 하나 더 놓아도 자기가 낳은 알을 용하게도 알아내어 보살핍니다. 다른 검은제비갈매기가 낳은 알은 거들떠보지 않습니다.

자기의 알 구별 못하기

제비갈매기는 자기의 알을 잘 구별 못하는 새의 하나입니다. 자기 둥우리에서 약 10cm 떨어진 곳에 있는 남의 알을 보면 굴려서 움푹한 둥우리에 갖다 놓습니다. 10cm 밖에 있는 알은 자기가 낳은 알이든 아니든 거들떠보지 않습니다. 자기의 알을 구별 못하기 때문입니다. 자기 가까이 있는 알은 죄다 자기가 낳은 알이라고 여깁니다. 제비갈매기는 무리를 지어 삽니다. 부리가 부딪칠 정도로 가까이 있습니다. 이렇기 때문에 자기가 낳은 알을 구별하는 것이 중요한데 그렇지 못합니다. 지능이 좀 낮지요.

검은등갈매기도 자기의 알을 구별 못하는 멍청이입니다. 밝게 칠한 나무로 된 알을 둥우리에 넣어도 품습니다. 가짜 알도 진짜 자기가 낳은 알로 여기니 너무나 우습잖습니까.

해오라비도 멍청하기는 검은등갈매기와 다를 바 없습니다.

해오라비의 알을 둥우리에서 60cm정도 떨어진 곳에

놓아 두고, 나무로 만든 가짜 알을 둥우리에 놓아두면 자기 둥우리에 있는 가짜 알을 진짜 알로 여기고 품습니다.

알 맡기기

새들은 보통 자기 스스로 둥지를 틀고 새끼를 까고 돌봅니다. 그런데 자기의 알을 남의 둥지에 몰래 낳아 놓고 시치미를 떼는 얌체 새가 있습니다.

남의 둥지에 알을 낳아 놓고 다른 새에 의해 까여 나기를 바랍니다.

검은머리오리는 갈대로 만들어진 다른 오리의 둥우리, 또는 갈매기의 둥우리에다 몰래 알을 낳습니다.

꿀길잡이새는 아프리카에만 살고 있습니다. 이 새는 오색조의 둥지에 알을 몰래 낳습니다. 알에서 방금 까여진 꿀길잡이새 새끼의 부리에는 침과 같은 날카로운 한 쌍의 갈고랑이가 달려 있습니다. 이 갈고리로 한 둥우리에서 까여진 오색조 새끼를 물어 죽여 버리고 대신 오색조 새끼 노릇을 하며 어미오색조의 먹이를 받아먹고 큽니다. 꿀길잡이새 새끼는 혼자 있게 되면 이 갈고랑이는 쓸모가 없어져 저절로 빠져나갑니다.

꿀길잡이새도 꾀가 많은 새지요.

뻐꾸기나 두견이는 뭐니뭐니 해도 아주 얌체 새입니다. 이들 새는 온대지방의 숲에서 곤충, 과일등을 먹고 삽니다.

뻐꾸기의 암컷은 때까치, 개개비, 할미새, 지빠귀의

둥지에 알을 하나 훔쳐내고 그 자리에 몰래 자기의 알을 하나 낳습니다. 갓까여진 뻐꾸기나 두견이의 새끼는 작은 둥우리 속에서 자기의 자리를 만들기 위해서 꼼지락꼼지락 움직이면서 다른 새 새끼의 알을 둥우리 밖으로 밀어 떨어뜨립니다. 뻐꾸기나 두견이의 알은 주인 알보다 먼저 깨어나 다른 알을 밀어냅니다. 그리곤 먹이를 독차지합니다. 뻐꾸기나 두견이는 다른 둥우리의 알과 모양이나 색깔이 꼭 닮게 낳습니다. 참으로 꾀가 많고 얌체 새이지요.

이것도 모르는 둥우리의 어미새는 제 몸보다 몇 배나 큰 새끼를 본능적으로 자기가 낳은 새끼로 알고 열심히 기릅니다.

매사촌은 인도와 스리랑카에 삽니다. 이 새는 나무가 많은 들판에 삽니다. 매와 비슷하지만 매는 아닙니다. 과일과 곤충을 잡아먹습니다. 주로 개개비나 지빠귀의 둥지에 알을 낳습니다.

녹색뻐꾸기는 아프리카의 사하라 사막 남쪽에 삽니다. 이 새는 몸 빛깔이 매우 아름답습니다. 나무의 높은 가지에 살며 피리새나 직박구리의 둥지에 알을 낳습니다.

큰얼룩뻐꾸기는 아프리카와 유럽 남부에서 삽니다. 이 새는 주로 까마귀의 둥지에 알을 낳습니다.

아메리카에 사는 찌르레기(카우버드)는 미국붉은솔새나 울참새, 미국붉은딱새 둥우리에 알을 낳습니다. 이 찌르레기의 새끼도 둥우리 안의 다른 새끼를 죽이고 자랍니다.

식량 저장하기

새들은 부지런히 먹이를 먹습니다. 부리로 쪼아먹으면 그만이지 저장할 필요가 없습니다. 그런데 먹이를 저장하여 두었다가 먹는 새가 있다니 놀랍지요. 이만하면 지능이 뛰어난 새라고 하겠습니다.

상수리나무딱따구리는 미국 캘리포니아 지방에 무리를 지어 삽니다. 이 새는 나무 줄기에 구멍을 뚫고 상수리 열매를 저장합니다.

가을철 상수리 열매가 익으면 상수리나무딱따구리는

하나라도 더 많은 열매를 모으려고 분주하게 활동합니다. 이 새는 나뭇가지를 비틀고 잡아채어서 상수리 열매를 부리로 떼어냅니다. 그리고 구멍으로 가져 가서 저장을 합니다. 또 열매를 저장해 둘 큰 나무에 번갈아 구멍을 뚫습니다.

가을이 가고 겨울이면 이 새들은 저장해 둔 열매를 먹으며 겨울을 지냅니다. 모든 상수리 열매는 고목이 된 나무의 수많은 구멍에 하나씩 끼워둔답니다.

상수리 열매가 끼워진 고목나무는 수 천 개나 되는 구멍으로 벌집처럼 뚫려 있습니다. 그 구멍은 상수리나무딱따구리들의 공동 식량 창고가 되는 셈입니다.

만약 구멍에 끼워둔 상수리 열매가 말라서 오그라들고, 그것이 흔들거리는 것이 있으면 상수리나무딱따구리는 열매를 빼내어 다른 작은 구멍에 갈아 끼웁니다. 늦가을과 겨울이 오면 나무 구멍에 저장해 둔 상수리 열매가 말라서 오그라들어 구멍에서 빠져 나가는 것을 막기 위함입니다.

나무 구멍에 상수리 열매가 단단히 박힌 것을 확인하

면 상수리나무딱따구리는 다른 곳으로 가서 다시 구멍을 뚫는 일을 합니다.

또 재미있는 일이 있습니다. 이 상수리나무딱따구리들은 식량 저장 창고인 나무 구멍에 대해 안심하지 못하고 있습니다. 그래서 늦가을이 다 가도록 보초를 섭니다. 어치와 다람쥐가 이 나무 구멍에 박힌 상수리 열매를 훔쳐 가기 때문입니다.

여름이 되면 상수리나무딱따구리는 다른 새들처럼 벌레나 곤충을 잡아먹습니다. 먹다 남은 먹이를 나무 껍질의 갈라진 틈에 보이지 않게 숨겨 놓습니다. 이렇게 갈무리한 벌레나 곤충을 상수리나무딱따구리들이 공동으로 나누어 먹기도 합니다. 매우 정이 있고 의리 있는 새인가 봅니다.

오색딱따구리 가운데 미국의 서부 산악지대에 사는 오색딱따구리는 침엽수의 솔방울을 나무 줄기에 끼워 둡니다. 그리고 겨울 동안 식량이 부족할 때 그속의 솔씨를 꺼내 먹습니다.

동고비는 몸길이가 14cm쯤 되는 작은 새입니다. 동

고비 무리는 그들이 즐겨 먹는 개암 열매를 나무줄기에 끼워두었다가 겨울에 꺼내 먹는다고 합니다.

때까치는 나뭇가지의 가시에 잡아 온 작은 물고기나

메뚜기, 개구리들을 꿰어 놓습니다. 또 곤충을 잡아서 나뭇가지의 가시 같은 것에 꽂아 두었다가 양식이 없을 때 빼 먹습니다.

미국물떼새도 때까치와 같은 습성을 가지고 있습니다.

이들 새들도 지능이 높은 편이라 할 수 있습니다. 웬만한 지능을 갖고 있지 않고선 이런 일을 할 수 없지요.

함께 살기

자기 집에다 청소부를 두고 사는 새라면 아주 호화로운 생활을 하는 것일까요? 그렇지만 아닙니다. 둥우리가 호화롭거나 청소할 것이 많도록 넓은 것도 아닙니다.

아프리카의 흰빰뿔부리새는 자기 집에 청소하는 곤충을 두고 있습니다. 이 새는 자기의 집 속에 많은 곤충이 우글거리고 있도록 놔 두고 있습니다. 왜 그럴까요? 집안을 말끔히 청소하기 때문입니다.

이 새의 암컷은 알을 낳거나 알을 품는 동안은 집 속

에서 틀어박혀 지냅니다. 수컷은 암컷이 알을 품고 있으면 둥우리 구멍의 입구를 진흙으로 벽을 만들어 좁은 틈만 남기고 발라버립니다. 수컷은 먹이인 씨앗을 날라다 줍니다.

곤충들은 암컷이 쏟아 놓은 똥이나 오줌찌꺼기를 먹어치우는 일을 합니다. 이 집엔 5백 여 마리의 곤충이 들어 있다고 합니다. 이 곤충들이 얼마나 깨끗이 청소하는지 집 안은 거의 냄새가 나지 않습니다.

흰뺨뿔부리새는 다음 해엔 다른 집을 짓고 옮겨갑니다. 이 새집의 청소부인 곤충도 함께 따라가는 것은 말할 것도 없습니다.

북아메리카의 찌르레기의 한 종류는 들소와 함께 삽니다. 이 찌르레기는 들소에 붙어 있는 기생충을 떼어 먹습니다. 그래서 들소는 찌르레기가 자기 몸에 달라붙어 쪼아도 가만히 있습니다. 들소는 자기 몸에 붙은 기생하는 진드기를 없어지게 해서 좋고 찌르레기는 먹이를 구할 수 있어서 좋습니다. 서로 이익을 나누면서 살아갑니다.

아프리카에 사는 옥스페이커는 영양이나 물소와 공생합니다. 이 새가 날아오면 영양은 발을 펴고 꼬리를 치켜세우고 가만히 있습니다. 이 새가 자기 몸에 붙어 있는 진드기를 떼어 먹도록 영양은 꼼짝도 않습니다.

또 옥스페이커는 자고 있는 물소를 지켜 줍니다. 이 새는 물소에 붙어 있는 진드기를 떼어 먹으면서 다른 동물이 못 오도록 보초를 섭니다. 다른 동물이 물소 가까이 오면 몸짓이나 소리로 물소에게 알려주기 때문입니다. 물소는 이렇게 마음 놓고 낮잠을 즐깁니다.

매의 한 종류인 물수리는 고목나무의 작은 가지의 튼튼한 집에 살고 있습니다. 이 집의 30cm~60cm밑에는 쇠백로가 집을 짓습니다. 쇠백로는 날카로운 눈으로 자기 집을 지켜 주기 때문에 마음 놓고 살수 있기 때문입니다. 그밖에 굴뚝새나 참새들이 와서 밑에 집을 짓도록 그냥 놔 둡니다.

남아메리카에 사는 잉꼬는 나무 위에 있는 흰개미집에서 새끼를 키웁니다. 이 잉꼬는 자기의 집을 만들기 위해서 흰개미집을 반쯤 헐어버립니다. 흰개미는 처음에 자기네 집을 침입한 잉꼬에게 공격을 합니다. 그러나 얼마 안 가서 잉꼬와 사이가 좋아집니다. 흰개미들은 자기네 집을 반쯤 차지한 잉꼬의 방을 그냥 둡니다. 잉꼬를 괴롭히지 않습니다. 잉꼬를 물어 뜯는 일은 더구나 없습니다. 오히려 흰개미는 헐린 반대쪽으로 집을 넓힙니다.

잉꼬는 왜 흰개미집에만 침입하여 새끼를 키울까요?

또 흰개미는 자기네 집을 헐고 쳐들어온 잉꼬를 왜 그냥 둘까요? 그것은 아직 모르는 일입니다.

악어물떼새는 악어가 물가에서 입을 벌리며 쉬고있을 때 벌린 입 속으로 들어가 악어의 이빨 사이에 끼인 고기조각이나 찌꺼기를 떼어 먹습니다. 악어는 너무도 시원하여 그대로 입을 벌리고 있습니다.

아프리카의 발톱깃물떼새도 악어의 등에 붙어 있는 기생충을 잡아먹습니다. 또 악어의 입 속으로 들어가 악어물떼새처럼 입 안을 청소합니다.

악어는 조금도 성내는 일 없이 입만 벌리고 있답니다.

보물 찾기

눈이 밝아야 숨겨진 보물을 쉽게 찾을 수 있습니다.

새들의 눈은 참 밝습니다. 날면서 먹이를 구해야 하니까 눈이 밝아야지요.

새들은 사람보다 멀리 똑똑히 볼 수 있습니다. 또 가까운 곳도 잘 봅니다.

새들의 눈은 먼 곳을 보는 망원경과 가까운 곳을 잘 볼 수 있는 돋보기를 다 가지고 있는 셈입니다.

독수리는 1천5백m의 공중에서 먹이를 끈기있게 찾아냅니다. 1천5백m나 되는 거리면 웬만한 것은 잘 보이지 않습니다. 그러나 독수리는 토끼 한 마리가 뛰어가는 것도 잘 봅니다. 사람은 망원경으로라야만 볼 수 있습니다.

매도 높은 공중에서 빙빙 돌며 땅 위의 먹이를 찾습니다. 멀리 보는 눈이 아주 발달하였지요. 매는 사람보다 8배나 밝은 눈으로 먹이를 발견합니다.

솔새는 먼 곳에 있는 위험한 매를 살피면서 2m앞에 있는 작은 벌레, 특히 나뭇잎에 있는 곤충을 찾아 냅니다.

울새는 잔디 위에 앉아 머리를 약간 기울입니다. 이것은 먹이인 지렁이를 향해 귀를 기울이는 것이 아닙니다. 풀뿌리에 있는 지렁이의 움직임을 찾기 위해 한쪽 눈으로 초점을 맞추고 있다고 합니다.

멧도요는 양쪽 눈으로 뒤쪽이나 위까지 볼 수 있습니

다. 다른 새보다 좀 뒤의 위쪽에 눈이 붙어 있습니다. 정말로 멧도요는 뒤에 눈이 달린 듯이 완전히 360°를 볼 수 있습니다. 온 사방을 다 볼 수 있다는 뜻입니다.

사람의 눈처럼 얼굴의 앞쪽에 붙어 있는 올빼미는 두 눈으로만 볼 수 있습니다. 저녁이나 밤에 사냥을 해야 하기 때문에 앞쪽만 볼 수 있습니다.

작은 미국금눈올빼미는 얼굴 1m 앞에서 한 손을 움직여 주의를 집중시켜 놓고 다른 한 손으로 잡으면 잡

히고 맙니다.

올빼미는 앞쪽이 아니면 볼 수 없습니다. 그렇기 때문에 끊임없이 머리를 움직입니다. 어느 쪽으로든 180° 이상 머리를 돌릴 수 있습니다.

올빼미는 눈깜짝이를 할 때 위의 눈꺼풀을 아래로 내립니다. 사람의 눈과 흡사하게 보입니다.

참새는 올빼미보다 훨씬 옆에 눈이 붙어 있습니다. 이 참새는 곤충이나 씨앗을 먹습니다. 그렇기 때문에 동시에 옆도 봐야 합니다. 적이 오는 걸 알기 위해서이지요. 그래서 옆도 볼 수 있게 참새의 눈은 옆에 붙어 있습니다.

냄새 맡기

냄새를 잘 맡는 새로는 키위가 있습니다. 이 새는 뉴질랜드에 사는데 날 수 없는 새입니다. 그런데 키위는 캄캄한 밤중에도 지렁이를 찾을 수 있다고 합니다. 눈으로 보는 것이 아니랍니다. 그것은 냄새로 찾아 낸답니다. 키위의 가느다란 부리 끝에 콧구멍이 있습니다.

이 코가 아주 발달되어 있습니다.

독수리는 눈도 밝지만 코가 예민해서 먹이를 냄새로 찾는다고 합니다.

바다제비나 슴새도 코가 발달하여 있습니다. 먼 곳의 먹이를 냄새를 맡고 찾아갑니다.

날개 퍼덕이기

새는 작을수록 날개의 퍼덕임이 빠릅니다.

붉은턱벌새는 1초에 50~70번씩이나 날개를 퍼덕입니다. 아주 놀라운 실력이 아닐 수 없습니다.

모킹버드라는 새는 1초에 14번을 퍼덕입니다.

비둘기는 5~8번을 퍼덕입니다.

몸이 무거운 사다새는 1초에 1.3번 날개를 퍼덕입니다.

방향 알아내기

새들은 철 따라 먹이 따라 긴 여행을 합니다. 몇 만 km나 되는 먼 거리를 길을 잃지 않고 갈까요?

낮에 여행하기

낮에 여행하는 새는 해의 방향을 보고 잡는답니다. 구름이 낀 날은 옳게 방향을 잡을 수가 없다고 합니다.

알락찌르레기 같은 새가 해라는 나침반을 사용하고 있습니다.

새들은 이동의 시기가 되면 침착성이 없어지고 일정한 방향을 향하여 앉는답니다. 새가 앉는 방향이 바로 이동하게 되는 방향이랍니다. 봄에는 동북쪽으로 가을에는 서남방향으로 앉는 게 보통이랍니다.

제비가 가을에 전깃줄에 어떤 방향으로 앉는지 한번 살펴 봅시다.

아마도 제비가 강남을 갈 때는 남쪽을 향해 앉을 것입니다.

밤에 여행하기

새들은 캄캄한 밤에는 무엇으로 방향을 잡아 날아갈까요?

밤에 이동하는 새들은 별을 보고 방향을 잡는다고 합니다.

밤에 이동하는 새로는 기러기, 고니, 오리 종류들이 많습니다.

시골에 가면 가을 밤이나 봄 밤에 기러기 소리를 들을 수 있습니다. 달 밝은 밤이면 날아가는 모습도 보입니다.

마음을 나타내기

사랑노래

새들도 사랑을 노래한답니다. 암컷의 눈에 들기 위해 아름다운 깃털로 몸을 치장하고 고운 노래를 부릅니다. 또 어떤 새들은 아름다운 춤을 추면서 고운 노래를 부릅니다. 다 암컷의 환심을 사려고 한답니다.

거문고새는 오스트레일리아에 삽니다. 꼬리가 거문고처럼 아름답다고 하여 거문고새라고 이름이 붙여졌습니다. 이 새는 가장 아름다운 목소리로 노래합니다.

거문고새 수컷은 암컷에게 사랑의 표현으로 노래를 하며 춤을 춥니다. 이 수컷은 화려한 날개를 펼치고, 아름다운 목소리를 가다듬어서 암컷을 향해 노래합니다.

극락조의 수컷은 숲 속의 가장 좋은 자리에 무대를 마련하고 암컷을 부르려고 노래합니다. 다른 수컷에 뒤

질세라 암컷을 차지하려고 보다 화려한 춤과 노래를 합니다.

좋은 장소에서 화려한 몸치장을 하고 노래하는 수컷은 인기가 매우 좋습니다. 반대로 변두리에 무대를 마련한 수컷은 암컷의 인기를 별로 얻지 못합니다.

거문고새의 수컷은 보통 때는 별로 아름다워 보이지 않습니다. 사랑의 노래를 부를 때만 깃털 속에 감춰진 화려한 꼬리를 펼칩니다. 레이스가 달린 부채처럼 펵이

나 아름답습니다.

암컷을 발견하면 수컷은 부채처럼 꼬리를 높이 펴들고, 깃털이 머리 위에서 늘어지도록 합니다.

사랑을 구하는 춤이 최고조에 이르면 꼬리 깃털이 노래하는 목소리에 맞추어 떨리며 흔들립니다.

무대를 갖추고 노래하며 춤추는 새 가운데서 극락조무리만큼 뛰어난 새도 없을 것입니다.

뉴기니아에 사는 어떤 극락조는 머리를 아래로 늘어뜨리고, 나뭇가지에 매달려서 사랑을 구합니다. 이렇게 하면 아름다운 깃털이 거꾸로 펼쳐지기 때문에 더 아름다움을 나타낼 수 있기 때문입니다.

어떤 풍조의 무리의 수컷은 집 주위에 아름다운 정원을 만듭니다. 풍조의 수컷은 이끼를 길러서 초록색의 융단을 깐 것처럼 치장하여 암컷을 부릅니다.

북아메리카의 늪지에 사는 서양농병아리의 수컷은 암컷에게 선물을 주고 춤추며 노래합니다. 선물은 물고기나 물풀 조각입니다.

또 수컷은 그의 부리를 규칙적으로 물에 적시기도 하

고, 깃을 다듬습니다. 암컷에게 뽐내기 위해서입니다. 만일 암컷이 자기의 사랑을 받아주지 않으면 추던 춤을 그만둡니다. 암컷이 사랑을 받아주면 춤을 계속 춥니다. 그리고 사랑이 무르익어가면 얕은 물 위는 무도장으로 변합니다. 서로 앞으로 다가가기도 하고 물러서기도 합니다. 서로 신호를 주고 받으면서 가슴을 쳐들어 맞대기도 합니다. 그러다가 신이 나면 암컷과 수컷은 물 위를 나란히 달립니다. 미친 듯이 발로 물을 튀기면서 물거품 위로 스쳐 나아갑니다.

바우어버드라는 새는 집을 아름답게 꾸며 암컷의 환심을 삽니다. 바우어버드는 푸른색의 물건을 물어다가 둥지를 꾸미고 암컷을 부릅니다.

집을 꾸미는데 푸른 것이면 무엇이든지 물어 옵니다. 푸른색의 단추, 푸른색의 깃털, 푸른색 병뚜껑 등 이루 헤아릴 수 없습니다.

바우어버드의 수컷은 나뭇가지를 물어다가 U자 모양의 둥지를 만듭니다. 이렇게 만든 둥지에 푸른 물건으로 꾸미고 암컷을 부르니 얼마나 재미있습니까.

암컷도 이 푸르게 꾸민 둥지를 결혼 선물로 알고 찾아 온다고 합니다.

성난 울음 소리

사람들은 새가 지저귄다고들 합니다. 지저귄다는 건 사랑을 노래하는 것으로, 또 성이 났을 때 토해 내는 소

리일 수도 있습니다. 새들은 다 사랑을 노래할 수는 없습니다.

적의 공격을 받거나 자기의 보금자리가 위협을 당하거나 위험할 때 내는 소리들이 다 각각 다릅니다.

새들이 자기 보금자리(세력권)의 범위를 사람들은 알 수 없습니다. 그러나 그 경계는 새가 살아가는데 아주 중요합니다.

새는 자기 보금자리의 땅(세력권)을 지키기 위해 그 둘레를 끊임없이 돌아다니면서 큰 소리로 지저귑니다. 때로는 성난 모습을 보여 주기도 합니다. 때로는 싸움으로 자기 보금자리를 지키려 합니다.

'여기는 내 땅이다. 가까이 오지 말라.' 하고 경고합니다. 새들의 사회에서도 생존경쟁은 치열합니다.

거문고새는 자기의 땅을 표시하기 위해 보금자리의 중심을 따라 나지막한 둔덕을 만들어 둡니다. 다른 새나 같은 무리의 수컷이 자기 땅으로 들어오면 수컷은 꼬리를 쳐든 채 공격 태세를 취합니다. 다행히 자기 땅으로 넘어오던 수컷이 물러나면 그만이지만, 계속 경계

태세를 취해도 넘어오면 큰소리치며 싸움으로 끝장을 냅니다.

바다쇠오리도 자기 땅을 지키기 위해 대단히 신경을 씁니다. 자기 땅에 들어오면 수컷은 부리를 벌려서 노란 입을 보여 줍니다. 이것은 상대를 위협하기 위함입니다.

만일 침입자가 그래도 다가와서 같이 부리를 벌리면 싸움을 합니다.

두루미는 자기 땅에 침입자가 들어오면 한 쌍이 함께 거친 목소리로 동시에 소리를 지릅니다. 이것은 물러가라는 경고입니다. 그래도 말을 안 들으면 수컷은 싸움을 합니다.

흉내내기

남의 소리를 흉내내는 일은 결코 쉽지 않습니다. 그런데 남의 소리를 잘 흉내내는 새들이 있습니다. 이것은 누구한테 배워서 그렇게 되는 건 아닌 듯합니다.

흉내지빠귀는 미국의 캘리포니아에 삽니다. 이 새는 캘리포니아청개구리나 캘리포니아딱따구리, 덤불어치의 울음소리를 잘 흉내냅니다.

이 새는 천재적인 음악가이기도 합니다. 흉내내는 소리가 어떻게나 곱던지 듣는 사람으로 하여금 마음을 즐겁게 하여 준다고 합니다.

오스트레일리아에 사는 거문고새도 흉내를 내는 새로 챔피언감입니다.

개똥쥐빠귀의 노래나, 쿠카부라새의 화려한 웃음소리도 쉽게 흉내냅니다. 흉내를 어떻게나 잘 내는지 사람들은 감탄합니다. 그것뿐 아닙니다. 때까치의 목소리, 물떼새, 올빼미, 나무발바리새들의 목소리도 곧잘 흉내냅니다. 그리고 공장의 기계 소리나 자동차의 클랙슨 소리까지 흉내를 낸다고 합니다.

앵무새는 과일이나 풀씨 따위를 먹으며 삽니다. 사람이나 다른 동물의 소리를 잘 흉내냅니다.

어떻게 해서 남의 흉내를 내는지, 또 왜 흉내를 내는

지 아직 알지 못합니다.

말 똑똑히 하기

새들도 일정한 말이 있습니다. 사람의 귀로 구별 못 해서 그렇지, 기분 좋을 때, 적으로부터 위협을 당할 때는 저희들의 일정한 말로 전달한다고 합니다.

울메추라기는 북아메리카 동부에서 사는 새입니다. 흩어진 무리를 모이게 할 때 '칼-로이-카' 라는 소리를 낸답니다. 그러면 떨어져 있던 울메추라기는 '호일-키' 하고 대답한답니다. 잃어버린 새끼를 찾을 때는 '삐-삐' 하는 소리를 낸다 합니다.

기러기는 낮고 앓는 것 같은 소리로 이야기 한답니다. 날아갈 때는 '기럭기럭' 하고 커다랗게 웁니다. V자 모양으로 무리지어 날아가면서 우는 소리를 어떤 사람은 퍽 슬프게 듣기도 합니다. 노랫말에도 엄마 찾아 '기럭기럭' 하고 날아간다고 했습니다.

미국의 오하이오의 초원에서 사는 울참새의 한 종류는 마음 놓고 먹이를 먹을 수 있을 때는 '찔릭' 하고 딸꾹질같은 소리를 냅니다.

뻐꾸기나, 꾀꼬리들은 그 울음소리를 따서 지어진 이름이기도 합니다. 새 소리를 듣는 나라마다 다 다릅니다.

솔새의 울음소리를 여러 나라에서 어떻게 듣는지 살펴 보면 참으로 재미있습니다.

영국에서는 치프 챕, 치프치프 챕, 핀랜드에서는 틸-탈 틸-틸-탈, 독일에서는 질프 잘프, 질프 질프 잘프, 프랑스에서는 티프 트세프 티프 티프 트세프, 네덜란드에서는 시프 시아프 시프 시프 시아프, 스웨덴에서 시슈 시시 슈, 스페인에서는 시브 사브, 시브 시브 사브, 이탈리아에서는 시프 시아프 시프 시프 시아프, 등으로 듣는다니 참으로 우습기만 합니다. 솔새가 이 이야기를 들으면 도리어 웃을지도 모릅니다.

새들의 봄, 여름, 가을, 겨울

새들도 살아가는 동안 자주 옮겨 다닙니다. 먹이를 찾아, 짝을 찾아, 살기 좋은 기후를 찾아 옮겨 다닙니다. 사람처럼 이사를 하지요. 새들에겐 이삿짐이 없습니다. 이사하는 곳은 가까운 곳도 있고 아주 먼 곳도 있습니다. 새들은 멀고 가까운 것과는 관계없이 정확히 길을 찾아 옮겨 다니지요. 더구나 나침반도 없이 이동하니 참으로 신기합니다.

철새

가을이 되면 사라지고 봄이 되면 다시 돌아오는 여름새, 봄이 되면 사라지고 가을이 되면 찾아오는 겨울새들은 어떻게 하여 길을 잃지 않고 날아가고 날아올까요?

그것은 아무도 모릅니다. 새들만이 갖고 있는 몸 속의 나침반으로 방향을 잡고 날아갑니다.

겨울새

북쪽나라에서 따뜻한 남쪽으로 옮겨와 사는 새들을 겨울철새라고 합니다. 대부분 북극의 넓은 툰드라 지대, 시베리아 벌판에서 여름을 나다가 추워지면 온대지방으로 날아오는 새들은 참 많습니다.

우리 나라의 겨울철새는 112종류나 됩니다.

물떼새는 추운 북극지방이나 시베리아에서 여름을 보내고 겨울이 오면 따뜻한 지방으로 내려옵니다.

이 새들은 남아메리카의 아르헨티나까지 이동한다고

합니다. 1만 3천km나 여행을 한답니다.

기러기, 고니, 오리도 시베리아에서 남쪽 따뜻한 지방에 날아와 겨울을 보냅니다. 이 새들도 우리 나라에서 많이 볼 수 있습니다.

북극제비갈매기는 장거리 여행 선수로 챔피언 자리에 오릅니다. 늦여름에 북극 툰드라지대를 떠나 남극대륙 가까운 바다를 향하여 1만6천km를 날아갑니다. 어

떤 북극제비갈매기는 2만2천5백km를 여행한 기록도 있다고 합니다.

검은가슴물떼새도 장거리 여행 선수의 하나입니다. 북극제비갈매기보다 조금 떨어지지만 단연 2등 선수입니다. 북극툰드라지대에서 아르헨티나 초원지대까지 여행합니다.

흰허리메추라기도요도 똑같이 북쪽에서 남쪽으로 내려와 사는 새입니다. 캐나다의 동해안에서 아르헨티나의 초원지대까지 날아갑니다. 이 새는 거기서 머물지 않고 1천5백km를 더 여행한다고 합니다.

쇠메추라기도요도 한대지방에서 온대 지방으로 옮겨오는 겨울철새입니다. 어떤 쇠메추라기도요는 남아메리카의 높은 안데스산맥을 넘어 긴 여행을 합니다.

보볼링크는 북아메리카의 초원에서 바다를 건너 아르헨티나의 초원까지 이동합니다. 1만 1천km나 되는 먼 거리를 여행합니다.

우리 나라에서 겨울을 나는 겨울새로는 오리, 기러기, 독수리, 콩새, 칡부엉이, 논병아리, 두루미, 반종

달, 쑥새, 양진이 등이 있습니다.

여름새

이른봄 남쪽에서 날아와 우리 나라에서 여름을 나는 새를 여름철새라 합니다.

우리 나라에서 여름을 나는 여름새는 64종류나 된다고 합니다.

황새는 우리 나라 뿐만 아니라 유럽에도 있는 새입니다.

유럽의 황새는 유럽에서 여름을 지내다가 겨울이 오면 남아프리카로 이동합니다.

우리 나라에 날아오는 황새는 이제 드물어졌습니다. 황새는 우리 나라의 황해도와 충북지방에서 해방전까지 번식하였습니다.

우리 나라에서 황새를 천연기념물로 지정하여 보호하지만 지금은 우리 나라에 단 한 마리밖에 없습니다.

충북 음성에 한 쌍의 황새가 해마다 날아와서 살았는데 사냥꾼에 의해 수컷이 죽고 과부새만 남아 지금은 과천 서울대공원에 보호되고 있습니다.

제비는 우리 나라의 여름새로는 대표적인 새라 할 수 있습니다. 제비는 유럽, 아시아, 아메리카 등 넓은 지역에 분포하여 삽니다. 우리 나라에 오는 제비는 열대지방의 태국이나 말레지아에서 날아온다고 합니다.

뻐꾸기, 두견이, 꾀꼬리, 백로, 뜸부기, 후투티, 파랑새, 물총새, 솔부엉이 등이 우리 나라에서 여름을 나는 여름새입니다.

긴부리흰허리제비는 남극대륙에서 삽니다. 이 새는 여름을 보내기 위해서 6월~8월 사이에 캐나다 뉴펀들랜드 앞바닷가에까지 갑니다.

남극지방에서 북쪽으로 여행하는 새 가운데 가장 대표적인 새입니다. 남극도 북극처럼 매우 추운 지방입니다.

흰허리슴새도 남대서양의 외딴 섬에서 북극지방의 그린란드 앞바다까지 날아갑니다.

나그네새(통과조)

북쪽 시베리아지방에서 새끼를 까고 가을에 우리나라를 거쳐 남쪽으로 이동하여 겨울을 보내고 이듬해 봄이 되면 다시 우리 나라를 거쳐 북쪽으로 날아가는 새를 통과조(새), 또는 나그네새라고 합니다. 이 새는 봄, 가을에 우리 나라에 잠시 머물러 쉬어 가고 있습니다.

도요새는 항시 물가에만 삽니다. 도요새는 이른봄이 되면 우리 나라에 잠시 머물렀다 갑니다. 낙동강하구 을숙도엔 겨울이 채 물러가기 전 이른 봄이면 도요새의 천국을 이룹니다.

물떼새, 꼬까참새, 흰배멧새, 제비갈매기 등이 우리 나라에 잠시 머물러 있다가 날아가는 나그네새입니다.

떠돌이새

여름에는 끼리끼리 깊은 산 속으로 들어가 살고 가을부터 봄까지는 평지에 내려와 사는 새를 떠돌이새라고 합니다. 이 새들은 먹이를 따라 떠돌아다닙니다.

우리 나라의 굴뚝새는 3월부터 골짜기의 냇가 부근

에서 살다가 겨울이 되면 마을로 내려와 삽니다. 말똥가리 새매도 떠돌이새입니다.

시베리아 부근에 사는 사할린뇌조는 곤충이나 버드나무, 오리나무 싹을 먹습니다. 이 새는 바람이 불어닥치는 비탈진 곳에서 바람이 없는 골짜기로 옮겨 다닙니다.

이 새는 높은 곳에서 낮은 곳으로 이동하는 것이 보통입니다. 다만 장소만 옮길 뿐입니다.

여행가다 당한 사고

새들이 여행하면서 안전하게 목적지까지 가기란 참으로 어려운 일입니다. 여행하다 보면 폭풍우를 만나기도 하고 어떤 장애물에도 부딪치고, 안개나 세찬 바람을 만나기도 합니다.

이 때는 제대로 여행하기가 어렵습니다.

장애물에 의한 사고

미국의 조지아의 로빈스 공군기지에는 야간 조명등

의 불빛 때문에 그 곳을 지나가던 새들이 5만 마리나 떨어져 죽었다고 합니다. 새들은 하늘을 향하여 뻗은 불빛을 지날 때 갑자기 땅을 향해 곤두박질하여 떨어져 죽는 수가 많다고 합니다.

밤에 불이 켜져 있는 등대불빛 때문에 등대에 부딪쳐 죽는 일도 자주 있습니다.

1904년 3월 13일, 미국의 미네소타주 남서부와 아이

오아주 북서부에서 75만 마리의 긴발톱할미새가 죽은 일이 있었습니다.

이 새들은 한대지방이 고향인 북쪽을 향하여 수백만 마리가 여행하던 참이었습니다. 이 때 이 곳을 통과해 날던 긴발톱할미새들은 눈보라를 만났습니다. 온 몸이 흠뻑 젖어 건물이나, 전선, 전봇대에 부딪쳐서 땅 위에 떨어져 죽었습니다. 다음 날 아침 5㎢나 되는 두 개의 호수 얼음판 위에 75만 마리의 긴발톱할미새의 시체가 흩어져 있었다고 합니다.

참으로 새들에겐 대형 사고가 아닐 수 없습니다.

높이 날기

새들은 마음대로 높이 멀리 날 수 있기 때문에 사람들은 옛부터 새들을 부러워했습니다. 그 꿈을 이룩한 것이 비행기라 할 수 있습니다.

새들은 정기적으로 이동하기 때문에 장애물에 부딪치지 않기 위해서도 높이 나는지도 모릅니다.

보통 철새들은 거의가 1천m 높이로 날고 있습니다.

대단히 높이 난다고 할 수 있지요.

기러기나 고니들은 대체로 1천m 이하의 공중을 납니다.

이밖에 작은 철새들은 1천5백m, 어떤 새는 6천m 높이까지 나는 것도 있다고 합니다. 왜 이렇게 높이 올라가 날까요? 아마 이들 철새들은 히말라야나 안데스의 높은 산을 넘어 이동하기 때문이라고 합니다. 그리고 보면 6천m 이상이 되는 이 산들을 넘자면 6천m 이상으로 올라가 날아야만 되는 실력을 쌓아야 되겠지요.

빨리 날기

새들은 먼 거리를 이동하자면 빠르기도 남달라야만 됩니다. 작은 새들은 보통 한 시간에 50km정도 날아간다고 합니다.

제비는 1시간에 50km 이상을 날 수 있습니다. 이 정도의 빠르기라야 먼 거리를 짧은 기간에 이동할 수 있지 않겠어요.

매의 종류는 1시간에 50~60km의 속력으로 날 수

있습니다.

도요새와 물떼새들은 1시간에 65~80km를 날아갑니다.

오리들은 한 밤동안 수백 km나 날아갑니다.

독일의 꼬까도요는 25시간에 820km나 날아갔습니다. 조금도 쉬지 않고 날아갔습니다. 1시간에 약33km나 날아갑니다.

청기러기는 캐나다의 제임스만에서 루이지애나 바닷가까지의 2천 7백km를 60시간 동안 날아간다고 합니다. 1시간에 평균 45km의 속력으로 이틀 반이나 쉬지 않고 날아가니 대단한 실력이지요.

넓고 넓은 바다를 건너 가자면 쉴 수 있는 곳이 없기 때문이겠지요. 어쨌든 대단히 힘이 센 새들입니다. 약 사흘 동안을 쉬지 않고 날아가는 힘은 어디서 솟아날까요?

겨울잠 자기

새들은 기후를 따라 또는 먹이를 따라 여행을 하지만 한 곳에 머물러 사는 새들도 있습니다. 이들은 여행과는 거리가 먼 새들입니다. 고작 여행을 해봐야 몇 십리 안팎일 것입니다.

그러면 추운 겨울이 오면 이 새들은 어떻게 지낼까요. 개구리나 뱀처럼, 곰이나 다람쥐처럼 겨울잠을 잔다고 합니다.

쇠미국쏙독새는 바위 틈바귀에서 거의 죽은 상태로 숨도 안 쉬고 지냅니다. 보통 이 새의 체온은 섭씨 41도인데 이 때의 온도는 섭씨 18도였다고 합니다. 이렇게 꼼짝 않고 죽은 듯이 지내다가 봄이 와 날씨가 따뜻해지면 다시 살아나 날아다닙니다.

이 지방의 인디언들은 이 새를 '잠꾸러기'라고 부르고 있습니다.

푸워일도 다람쥐처럼 겨울잠을 잡니다. 푸워일은 가을 동안 몸 속에 충분한 지방을 저장합니다. 겨울이 오면 저장했던 영양분을 소모하면서 죽은 상태로 겨울잠에 들어갑니다.

뜨거운 사막에서 견디기

사막은 햇볕이 쬐는 한낮이면 섭씨 66도에 이릅니다. 그늘의 온도가 49도나 됩니다. 이 뜨거운 열을 이겨내기란 매우 힘듭니다.

새들은 섭씨 43도에서 46도까지는 견딜 수 있다고

합니다. 그 이상의 온도에는 견디지 못합니다. 온도가 그 이상 올라가면 죽어버립니다.

사막에 사는 새들은 어떻게 뜨거운 온도를 견뎌낼까요?

새는 다른 동물처럼 땅 속에 시원한 구멍을 파고 들어갈 수 없습니다. 그래서 뱀이나 젖먹이 동물들보다 숨막히는 더위에 더 시달려야 합니다.

사막에 사는 올빼미는 다른 동물이 파놓은 구멍을 집으로 이용하며 더위를 이겨낸다고 합니다. 물론 이 집들은 다른 동물이 쓰다 버린 것입니다.

뜨거운 낮에는 이 구멍에서 더위를 피하고 지내다가 서늘한 밤이 오면 먹이 사냥을 나갑니다. 그러니까 더운 낮에는 활동을 하지 않습니다.

낮에 활동하는 사막의 비둘기 따위들은 아침과 저녁 무렵에만 나다닙니다. 올빼미같이 밤에 활동하는 올빼미처럼 그늘에 숨어 있는 것도 쉬운 일이 아닙니다. 그늘이라 해도 새가 견딜 수 있는 온도인 섭씨 46도보다 훨씬 높으면 그것도 새들에겐 참을 수 없지요.

새에게는 땀구멍이 없습니다. 그렇기 때문에 헐떡거리는 방법으로 몸 안의 수분을 증발시켜 몸의 온도를 조절합니다. 그 대신 소비한 물은 매일 보충하지 않으면 안 됩니다.

씨앗이나 과일을 먹어야 하는 새들이 대부분 이렇게 더위를 견딥니다. 메추라기, 비둘기, 참새들은 물을 찾아 먼 거리까지 날아가 그 곳의 물을 먹는다고 합니다.

곤충을 잡아먹는 딱따구리, 쏙독새, 칼새, 제비, 벌새, 굴뚝새, 개똥지빠귀, 종달새, 휘파람새, 꾀꼬리 같은 새들과 짐승의 고기를 먹는 매, 부엉이, 독수리들은 그 먹이 속에 충분한 수분이 포함되어 있어 별로 물 걱정을 안 한답니다. 이들 새도 서늘한 아침저녁으로만 활동합니다.

새들의 목숨

새들은 얼마나 오래 살까요? 매우 궁금하지요.

새들은 외적이나, 질병, 굶주림, 기후나 나쁜 기상으로 제 목숨을 다하지 못하고 죽습니다.

그러나 제 수명대로 산다면 대체 얼마나 살까요?

제비는 9년을 살아갑니다. 찌르레기는 19년을, 북극제비갈매기는 27년, 집비둘기는 35년, 타조는 40년, 검독수리는 80년, 매의 한 종류인 콘도르는 안데스산맥에 사는데 그 수명이 117년이 된다 합니다. 사람보다 평균 수명이 기니 퍽이나 오래 살고 있군요.

그러나 이 지구 위에서 새들은 차츰 제 수명대로 살지 못하는 수가 너무도 많습니다. 자연이 파괴되어 먹이사슬이 끊어져 죽어가는 일이 많아졌습니다.

북아메리카의 동부지방에는 히드헨이라는 새가 수없

이 살고 있었습니다. 그러나 지금부터 110년 전인 1880년에는 케이프코드의 바닷가 건너쪽에 있는 조그마한 섬에만 겨우 남아 있었습니다. 화재, 폭풍, 추위, 큰 매의 습격으로 수가 줄었다 합니다. 1916년부터 이 새를 보호하여 2천 마리나 늘어났습니다. 그런데 다시

여러 가지 재난으로 지금은 한 마리도 남지 않고 죽었습니다. 이 새를 지구 위에서는 영영 볼 수 없게 되었습니다.

메추라기는 따로따로 떨어져 있으면 적의 습격을 받기가 쉽고 살아 남기 힘듭니다.

메추라기는 길게는 1년, 짧게는 반나절 동안 무리를 만들어 생활합니다. 무리를 지어 생활하면 외적의 침입을 막을 수 있습니다. 수가 많으면 웬만한 적은 공격할 마음도 못 먹습니다. 알을 낳고 품을 때면 흩어진다고 합니다.

또 밤에 잠잘 때는 여러 마리의 메추라기가 원을 만들어 머리를 바깥쪽으로 향하고, 꼬리는 안쪽으로 하여 등을 낮추고 몸을 움츠립니다.

이 형태는 적을 방위할 뿐 아니라 추운 날에는 몸을 따뜻하게 하기도 합니다. 잠잘 때나 쉴 때 이렇게 원을 그리고 있으면, 어느 방향에서 적이 오는지 이내 알게 됩니다.

이렇게 메추라기는 자기들을 보호하며 주어진 수명

을 다하도록 애씁니다.

북대서양의 바닷가에 사는 큰바다새인 북양가마우지는 무리를 지어 삽니다. 그런데 1829년에 17만 마리가 살고 있었습니다. 그러나 6년 후엔 5만여 마리로 줄어들었습니다. 이것은 사람들의 영향이었다고 합니다. 사냥, 자연 파괴, 이런 것들로 그렇게 되었지요.

그 후 특별한 보호를 해서 지금은 14만 마리로 늘어났답니다.

황새, 왜가리 등 우리 나라에 날아오는 여름새도 그 수가 자꾸 줄어가고 있습니다. 이 새들의 먹이는 논이나, 냇가, 그밖의 얕은 호숫가의 물고기, 개구리, 뱀을 먹이로 합니다.

이 먹이들은 농약이나 공장에서 흘러 나오는 폐수로 떼죽음을 당하고 있습니다. 우선 먹이가 줄어들면 새들이 불어날 수가 없습니다. 이들 새들은 농약 먹은 먹이를 먹고 죽어갑니다.

충북의 음성에 있던 천연기념물인 숫황새는 사냥꾼의 총에 맞아 숨졌고, 과부황새만 남았지만 그 수명이

얼마 남지 않았답니다.

우리 나라 광릉 숲속에 살던 크낙새도 천연기념물입니다. 그런데 요즈음은 그 크낙새가 눈에 잘 띄지 않는다고 합니다. 크낙새는 조용한 숲 속에 살기를 좋아합니다. 광릉 숲 부근도 이제 시끄러워서 그런가 봅니다. 크낙새는 딱따구리처럼 고목나무 속에 있는 벌레를 잡아먹는데 그런 늙은 나무가 없는 탓도 있겠지요.

새들은 숲이 울창하면 많이 모여들어 살게 됩니다. 우거진 숲은 새들의 낙원이 됩니다. 새들의 수가 늘어나고 주어진 수명을 다할 때까지 살아갈 수 있습니다.

두루미도 그 수가 자꾸 줄어가는 새의 하나입니다. 이런 것도 환경 파괴 때문입니다.

북아메리카의 콘도르는 캘리포니아의 목장이 과수원으로 거의 변하여 먹이인 썩은 고기가 없어서 그 수가 줄었으며 지금은 산악지대에서 보호받고 있습니다.

하와이기러기도 사람들 때문에 수가 자꾸 줄어들고 있었으나 지금은 보호로 조금씩 늘어난다고 합니다.

그밖에도 사라져가는 새가 늘어나고 있다는 것은 참으로 안타깝기만 합니다.

물고기들의 올림픽

지구 위의 75퍼센트가 물로 덮여 있답니다. 우리는 육지에 사니까 잘 모르지만 언젠가는 한번 바다에 가 볼 수 있겠지요. 그 때 바다를 한번 살펴 보셔요. 가도 가도 끝이 없는 물 뿐입니다. 그 바다가 넓기만 한 줄 아십니까? 깊기도 헤아릴 수 없이 깊습니다.

육지를 가로 질러 바다로 흘러가는 강물도, 육지 속의 넓은 호수, 이런 물 속에 사는 동물의 대부분은 말할 것도 없이 물고기 종류입니다.

그들이 어떻게 생활하는지 퍽 궁금하지요. 호랑이를 잡으려면 호랑이굴 속에 들어가봐야 된다고 했듯이, 우리도 물 속으로 들어가 물고기들과 함께 어울려 봅시다. 그들이 펼치는 올림픽 경기를 구경하여 봅시다.

물의 왕자

잠수 경기

바다에 사는 물고기 중에서 가장 깊이 들어가는 것은 어느 것일까요? 또 얼마나 깊이 들어갈까요?

깊은 바다에는 햇빛이 전혀 새어들지 못합니다. 이곳에는 햇빛도 없기 때문에 식물도 자라지 못합니다. 이런 깊은 바닷속까지 들어가 사는 고기가 있습니다. 먹물을 풀어 놓은 것처럼 캄캄한 깊은 바다(심해)에서 사는 물고기들은 먹이를 유인하거나 공격자를 혼란시키거나 신호하기 위해 빛을 냅니다.

깊은 바닷속은 물의 압력이 셉니다. 그러기 때문에 대부분의 물고기는 납작하고 몸이 부드러우며 몸집이 작은 게 특징입니다.

또 입이 크고 날카로운 이빨을 가지고 있습니다. 이것은 깊은 바닷속엔 먹이가 적어 한꺼번에 먹어둘 필요가 있기 때문입니다.

어떤 물고기는 몸집의 반 이상이 입으로 되어 있습니다. 커다란 입 둘레에 빗살과도 같은 길고 날카로운 이

빨을 가진 물고기도 있습니다.

이렇게 깊은 바닷속에도 여러 종류의 물고기가 살고 있으니 정말 신기한 일이 아닙니까?

금메달리스트(6천m~1만m)

바닷속 6천m에서 1만m를 심해라 합니다. 깊은 바다란 뜻이지요. 이 6천m까지 들어가 사는 물고기들이 있습니다.

이 곳에서 사는 물고기들은 눈이 발달되지 못했습니다. 장님 물고기들이지요. 왜 그럴까요? 깊은 바닷속까지는 햇빛이 들어가지 못합니다. 그렇기 때문에 캄캄한 밤과 같지요. 눈이 있어도 볼 수 없으니 눈이 필요없게 되지요.

거미불가사리는 바닷속 가장 깊은 곳까지 잠수해 삽니다. 어떤 물고기도 이 깊은 곳까지는 들어가지 못합니다. 가장 깊은 곳까지 잠수하는 선수로는 거미불가사리가 금메달감입니다.

은메달리스트(1천m~6천m)

바닷속 1천m에서 6천m까지 잠수하는 물고기는 여러 종류입니다. 그러나 이 곳도 깊기 때문에 모두들 은메달감은 됩니다.

민태는 민어과의 한 종류입니다. 몸은 조기 모양입니다. 빛깔은 적황색으로 아름답습니다. 몸길이가 19cm 정도밖에 되지 않는 작은 물고기입니다. 1천m이상 내려가 먹이를 구합니다.

가오리는 넙치처럼 넓적한 물고기입니다. 눈이 등쪽에 있어서 위쪽의 먹이를 찾아다닙니다. 이 가오리도 1천m 잠수하는 실력입니다.

초롱아귀는 머리에 안테나를 갖고 있습니다. 이 안테나 끝에서 빛을 내는 물질을 뿜어서 작은 물고기들을 꾀어들입니다. 빛을 보고 모여든 물고기를 큰 입으로 잡아먹습니다.

갈치뱀장어는 입이 두루미처럼 길게 앞으로 나왔습니다. 입 끝이 위와 아래, 서로 반대로 휘어져 있습니다. 이것은 넓은 곳까지 먹이를 사냥하는데 필요한 연장으로 생각됩니다.

붕장어는 몸길이가 90cm나 됩니다. 장어와 비슷하게 생겼습니다.

멕시코 장님고기는 눈이 아주 없어져 버렸습니다. 먹이를 잡거나 찾을 때는 감각기관을 사용합니다.

풍선뱀장어는 아래턱을 펠리컨처럼 부풀려 올립니다. 한번 먹이를 먹으면 자기 몸보다 몇 배나 큰 먹이를 삼킵니다. 먹이를 먹고 난 풍선뱀장어는 소화될 때까지 움직이지 않고 조용히 바다에서 휴식을 취합니다.

발광멸은 배 밑에 빛을 내는 발광기가 있어서 스스로 빛을 냅니다.

철갑둥어는 아래턱에 빛을 내는 박테리아를 키웁니다. 이 박테리아가 앞을 밝히도록 합니다.

황안어는 바다개똥벌레와 같은 발광기를 갖고 있는 것들을 먹습니다.

스스로 빛을 내는 이 물고기들을 황안어는 쉽게 발견할 수 있기 때문입니다. 이 때 뱃속에 들어간 발광동물의 빛을 이용하여 황안어가 발광물질을 얻습니다.

벤토사우루스라는 물고기의 배지느러미와 꼬리지느러미는 길게 뻗어 있습니다. 그 끝에는 공 모양의 감각기가 달려 있습니다.

어두운 심해(깊은 바다)에 살기 때문에 눈은 전혀 필요 없습니다. 따라서 이 물고기에는 지느러미가 눈과 손발 구실을 합니다.

이 지느러미를 사용하여 깊은 바닷속에서 먹이를 찾습니다.

동메달리스트(2백m~1천m)

바닷속 200m에서 1천m까지 꽤 깊습니다. 이 곳까지 잠수하는 물고기는 동메달감으로 칩니다.

향유고래는 몸집이 큰 이빨고래입니다. 몸길이가 수컷은 19m나 됩니다. 고래는 물고기 종류가 아닙니다. 새끼를 젖으로 키우는 젖빨이 동물(포유동물)입니다. 바다에서 살다보니 물고기처럼 몸매가 변했습니다. 물에서 사니까 물고기로 대접해야지요.

문어는 큰 놈은 몸길이가 3m, 몸무게 30kg되는 것도 있습니다. 여덟 개의 다리 중에서 제1다리가 가장 길고, 제 2, 3, 4 순으로 짧아집니다.

가자미는 납작한 물고기입니다. 몸은 한쪽이 거무스름하고 다른 쪽은 흽니다. 검은 쪽에 두 눈이 나란히 붙어 있으며, 눈이 있는 쪽이 위를 향하고 있습니다.

오징어는 입에 9개의 이가 가로로 늘어서 있습니다. 이 이가 겹쳐서 끈 모양으로 되어 있습니다.

4등(200m)

200m까지 바닷속을 들어가는 물고기는 참으로 많습니다.

정어리고래, 청새치, 청동고래, 쥐돔고래, 황새치, 날가다랭이, 상어, 날치, 바다 뱀장어, 바다 거북, 고등어, 멸치 등 헤아릴 수 없습니다.

공중비행

날치는 새의 날개와 같은 큰 앞지느러미를 사용하여 1분정도 하늘을 납니다. 바람을 잘 타면 6m이상 날 때도 있습니다. 한 시간에 55km의 속력으로 납니다.

날치는 앞지느러미를 새의 날개와 같이 활짝 펴서 파도에서 파도를 타고 날아갑니다.

날치에 따라 가슴지느러미만 사용하는 종류가 있는가 하면, 어떤 종류는 가슴 지느러미와 배지느러미를 모두 사용하여 쌍날개비행기와 같은 방법으로 날기도 합니다. 공중을 나는 물고기로는 날치가 금메달감입니다. 날치는 적으로부터 도망칠 때 공중비행을 합니다.

가아피스라는 물고기는 꼬리를 모터 보트의 스쿠루와 같이 움직여 물 위를 거의 스치듯 날아갑니다.

민물고기의 한 종류인 가시고기도 다급하면 물위를 1m정도 날 수가 있습니다.

걷기 대회

바닷속 걷기

성대라는 물고기는 몸길이가 40cm 정도나 됩니다. 성대는 바다 밑을 걸어다니고 있습니다. 헤엄치지 않고 걸어다니면서 먹이를 구합니다.

달강어는 몸길이가 30cm 정도이며 눈이 큰 물고기입니다. 이 고기도 헤엄을 치지 않고 바다 밑을 걷습니다. 걸어서 기어다닌다고 해야 옳지요.

땅 위 걷기

말뚝망둥어는 남해안의 갯벌에 삽니다. 머리가 둥글고 눈이 크며, 눈이 앞으로 튀어나와 있습니다. 가슴지느러미가 개구리의 앞다리처럼 잘 발달되어서 습지를 걷거나 뛰어다니기도 합니다.

아프리카, 아시아, 오스트레일리아에 사는 말뚝망둥어는 곤충을 찾아 바닷가를 뛰어다닙니다. 1cm씩 뜁니다. 1시간에 3km이상을 나갑니다.

때로는 꼬리를 바닥에 밀어붙였다가 용수철처럼 1m 나 뛰는 수도 있습니다.

말뚝망둥어는 폐를 가지고 있지 않습니다. 그러면 어떻게 공기를 마시냐구요? 이 물고기는 입 안쪽에 해면 모양의 주머니에 물을 저장합니다. 저장한 이 물에 아가미를 적시면서 땅 위에서도 물 속에서와 같은 호흡을 할 수 있습니다.

중국의 '스네이크헤드' 라는 물고기는 이쪽 못에서 저쪽 못으로 앞지느러미를 사용하여 땅 위를 걸어 갑니다.

폐어는 허파로 숨을 쉽니다. 아가미로 숨을 쉬는 물고기와는 전혀 다릅니다.

오스트레일리아에 사는 폐어는 지느러미를 다리처럼 사용하여 냇바닥과 호수 바닥의 진흙 위를 걸어갑니다. 긴 가뭄이 계속되면 진흙 속에 들어가 삽니다.

개구리가 겨울잠을 자는 것처럼 비가 올 때까지 죽은 것처럼 지냅니다.

길고 가느다란 쌍을 이룬 지느러미로 도룡뇽의 네 발

처럼 사용하여 걸어다닙니다.

나무에 오르기

말레이 반도에 사는 클라이밍퍼치는 땅 위를 걷는데도 뛰어난 선수입니다. 그러나 나무에도 곧잘 올라갑니다. 이 고기는 아가미덮개의 끝에 있는 가시를 사용하여 나무에 잘 오릅니다. 특히 맹그로브나무에 잘 올라갑니다. 이 나무에 올라가 휴식을 취합니다. 이 물고기가 왜 나무에 올라가는지는 확실히 모릅니다.

망둥어는 호숫가의 버드나무 같은 곳에 올라가서 가만히 있다가 곤충이 날아오면 재빨리 잡아먹습니다.

멀리 헤엄치기

물고기들은 대체로 자기들이 사는 부근에서 맴돌며 헤엄칩니다. 이것은 그 부근에 먹이가 많기 때문에 멀리 갈 필요가 없습니다.

그러나 특별한 물고기들이 있습니다.

날개다랑이는 3천2백km나 헤엄쳐 갑니다.

로스엔젤레스 앞바다에서 일본 열도의 남쪽에까지 헤엄쳐 갔다고 합니다.

연어는 태어난 고향을 떠났다가 다시 어른이 되어 돌

아오는 물고기입니다.

우리 나라의 동해안 삼척의 오십천, 양양의 남대천에서 태어난 연어는 북태평양의 알류산 열도 부근까지 헤엄쳐 가서 자랍니다. 어른이 되면 알을 낳기 위해 다시 동해안 오십천이나 남대천으로 돌아옵니다. 그 거리는 적어도 1천6백km나 됩니다.

연어가 고향을 찾아가는 방법은 아직은 신비에 싸여 있습니다. 바다의 흐름(해류)을 타고 여행한다거나, 비둘기처럼 태양을 보고 방향을 안다는 이야기들이 있습니다만 확실하지는 않습니다.

연어는 자기가 태어난 고향의 물을 예민한 코로 안다고 합니다. 연어는 자기 고향의 독특한 물 냄새를 알고 있기 때문에 돌아올 때 길을 잃지 않습니다. 연어는 어릴 때 놀던 고향의 물 냄새를 기억하고 있기 때문입니다.

90년 겨울에는 하루에 몇백 마리씩 알을 낳으러 고향인 오십천, 남대천으로 돌아왔다고 합니다.

연어는 우리 나라 뿐 아니라 아메리카의 태평양과 대

서양 연안에도 삽니다.

치누크연어는 4천km나 먼 알류샨열도에서 여행하다가 돌아온다고 합니다.

흰연어는 알래스카 남동쪽으로부터 중앙알류샨 열도의 5천6백km나 되는 먼 거리를 여행합니다.

대서양에 사는 뱀장어새끼는 멕시코 만류를 따라 올라갑니다. 긴 거리를 여행하는 셈이지요. 한 3년 살다가 돌아옵니다. 뱀장어는 연어와 반대로 바다에서 까여진 새끼가 고향으로 돌아옵니다.

뱀장어는 늦여름에서 초가을에 걸쳐 강이나 못을 떠나 바다로 내려갑니다. 누른색에서 은색으로 변한 뱀장어는 가을이 되면 먼 바다 여행을 합니다. 그리고 새끼를 낳습니다. 다시 못으로 오기 위해 강으로 들어섭니다.

입을 벌리고 헤엄치기

바다를 헤엄치는 가다랭이는 입을 벌리고 헤엄치는 선수로 유명합니다. 가다랭이는 헤엄치면서 많은 산소를 마시기 위해 입을 벌린다고 합니다.

가다랭이가 빠른 속도로 바다를 헤엄칠 때 입을 크게 벌리면 입 안으로 많은 양의 물이 들어옵니다. 따라서 많은 산소를 마실 수 있습니다.

새끼 보호하기

아메리카의 게프톱세일메기는 가시가 있습니다. 이 메기의 수컷은 암컷이 50여 개의 알을 낳으면 그 알을 입 속에 넣고 지냅니다. 다 까여 새끼가 될 때까지 입 속에 알을 넣고 있습니다.

남아메리카의 산파메기는 암컷이 알을 배 밑에 끼고 다닙니다. 알은 특수하게 튀어난 곳이 있는데 이것으로 어미 배에 붙어 있습니다.

털라피아라는 물고기는 수컷이 알을 입에 넣고 새끼로 까여 나올 때까지 있습니다.

갈치는 안전한 구멍에 알을 낳습니다. 알을 낳은 암컷은 새끼가 무사히 까여지도록 그 부근에서 보초를 섭니다.

미국의 플로리다에 사는 실고기의 수컷은 배에 늘어진 주머니에 알을 넣습니다. 수컷이 새끼가 까여지도록 돌봅니다.

해마는 상상의 동물인 용과 닮았습니다. 실고기와 마찬가지로 수컷이 주머니를 꼬리 근처에 갖고 있습니다. 이 주머니 속에 새끼를 깝니다. 새끼가 이주머니에서 나와 바다 속으로 들어갑니다.

아마존강에 사는 카라신은 지느러미를 서로 얽어 식물의 잎에 매달려 알을 낳습니다. 나뭇잎에 붙도록 알을 낳고는 알이 마르지 않도록 수컷은 꼬리를 흔들어 알에 물을 철썩철썩 끼얹습니다. 이 알은 3일만에 까여집니다.

오스트레일리아의 쿠루투스의 수컷은 이마에 알을 붙이고 다닙니다. 여기서 알이 까여집니다.

가시고기의 수컷은 둥지를 지키며, 새끼를 건드리지 못하도록 합니다. 새끼가 다 자랄 때까지 먹이를 나르고 돌봅니다.

아프리카의 강이나 인도네시아의 호수에 사는 틸라피아는 수컷이 입으로 새끼를 키웁니다. 수컷은 알을 입에 물고 새끼를 깝니다. 새끼가 깨어난 뒤에도 위험을 느끼면 새끼는 수컷의 입으로 되돌아옵니다.

아마존강에 사는 디스커스피시는 암컷과 수컷이 힘을 합해 새끼를 보호합니다. 수컷이 알을 입에 넣고 까며, 알에서 까여진 새끼를 수컷의 몸에 붙여서 보호합니다. 수컷은 새끼들이 위험한 물 속에서 헤엄치는 동안 이리저리 살피면서 항상 지켜봅니다. 놀던 새끼들은 때때로 어미의 몸에 붙어 있기를 좋아합니다. 어미는 귀찮아합니다.

그럴 때 어미는 가끔 자기 몸을 흔들어 새끼들을 떼어냅니다.

어미는 아빠에게로 가거라 하며 떠넘깁니다.

아비는 할 수 없이 새끼들을 떠맡아 몸에 붙이고 다닙니다.

이런 물고기는 새끼 사랑이 아주 대단하다고 볼 수 있지요.

민물에 사는 버들붕어는 수컷이 물 표면에 거품을 뿜어 놓습니다. 그 거품 주위에 암컷이 알을 낳으면 수컷은 알을 거품 속으로 몰아넣습니다. 알이 까여질 때까지 수컷은 거품 주위에서 알을 보호합니다.

자기들의 알을 지키기 위해 잠시도 옆을 떠나지 않습니다.

시크리드과에 속하는 어떤 물고기는 새끼를 깐 뒤에도 새끼를 보살펴 주고 있습니다. 이 물고기는 새끼들이 따라오기 쉽도록 지그재그로 헤엄치면서 보호합니다.

암컷이 수컷과 교대할 때는 새끼들이 흩어지지 않도록 합니다.

또 망을 보고 있는 어미에게 따라가지 않도록 수컷은 막기도 합니다.

냄새 맡기

상어

냄새를 잘 맡는 물고기로는 상어가 으뜸입니다. 상어는 냄새를 잘 맞는 코를 가졌습니다.

비행기가 전파 신호를 좇아 비행하듯, 상어는 대단히 예민한 코로 냄새를 좇아 헤엄칩니다.

상어는 냄새를 맡으면 먼저 앞뒤로 방향을 바꾸어 다닙니다. 그리고 냄새가 나는 방향을 확인합니다.

만약 냄새가 오른쪽에서 나면 그쪽으로 머리를 돌려 돌진합니다. 상어는 500m까지의 물건에 대해 냄새를 맡습니다.

물에 피가 흘러 있다면 상어는 미친듯이 달려듭니다. 마치 피에 굶주린 이리와 같이 모든 위험을 무릅쓰고 덤벼듭니다.

만약 상어 무리 가운데 한 마리가 부상하여 피를 흘리면 이번에는 같은 또래에게 덤벼들어 물어 뜯습니다.

상어가 많은 바다에서 사람이 상어에게 목숨을 빼앗기는 수가 자주 있습니다.

오스트레일리아의 어떤 바닷가엔 상어가 자주 나타납니다. 그래서 이 해수욕장에는 울타리를 치거나 상어를 쫓는 감시원을 두기도 한답니다.

상어는 자신이 놀라거나 공포를 느꼈을 때는 공격을 하지 않습니다. 그러나 동물이 괴로워하고 있다고 느끼면 곧 덤벼드는 성질이 있다고 합니다.

만약에 사람이 상어를 발견하면 어떻게 해야 할까요?

떠들어대거나 상어의 머리를 치거나, 물을 끼얹거나 하면 위험하답니다. 이렇게 하면 상어는 사람이 괴로워하고 있다고 느껴 습격을 받기 쉽답니다. 그래서 가만히 있는 것이 좋은 방법이라고 합니다.

상어에 물리면 굉장한 상처를 입는다고 합니다. 상어의 이빨이 날카롭기 때문이지요.

사람을 먹는 상어에는 12종류가 있다고 합니다. 가장 두려워할 상어는 식인상어인 백상아리입니다. 이 상어는 몸길이가 약 5m 정도 됩니다.

다음으로 무서운 식인상어는 귀상어입니다. 이 상어는 눈과 콧구멍이 좌우로 튀어나온 머리의 양쪽에 달려 있습니다. 그렇기 때문에 더 한층 흉하게 보입니다. 이 귀상어도 냄새를 잘 맡는 선수로 손꼽힙니다.

레몬상어, 배암상어, 청상아리들도 사람들을 습격한다고 합니다.

강남상어는 겉보기엔 아주 온순해 보입니다. 그러나 사람을 습격하는 무서운 상어입니다.

사람에게 해를 끼치지 않는 상어로는 돌묵상어와 고래상어가 있습니다.

사격하기

물총 쏘기

사격의 명수는 사수어입니다. 사수어는 혀와 턱으로 만든 가느다란 관을 통해 아가미 덮개를 오므려 물을 뿜어냅니다. 뿜어낸 물방울은 총알이 됩니다. 곤충은 사수어가 쏜 물방울 총알을 맞고 떨어집니다. 곤충이 떨어지면 잽싸게 잡아먹습니다. 물을 쏘는 것은 아주 정확합니다. 그래서 물고기 가운데서 사격 실력은 사수어를 따라잡을 수 없습니다. 물총고기란 이름으로 불리워지기도 합니다.

독침 쏘기

매가오리는 독침으로 독을 쏘아 먹이를 잡습니다. 먹이에게 독을 쏩니다. 매가오리는 독침이 꼬리에 있습니다. 꼬리는 보통 몸보다 길고 부드럽습니다. 그렇기 때문에 매가오리는 그것을 채찍과 같이 씁니다. 몸의 양쪽으로 휘두르거나 머리 위로 튕겨 올리거나 합니다.

가시는 꼬리를 따라 줄지어 있습니다. 이 가시는 비행기와 같이 편대를 짜고 헤엄칩니다.

노랑가오리도 꼬리에 독을 가졌습니다. 독을 가진 가시가 톱날과 같이 꼬리에 줄지어 있습니다.

옛날 사람들은 이 노랑가오리 가시를 침이나 창의 끝날로 사용하였습니다. 그리고 꼬리는 채찍으로 사용했습니다.

노랑가오리를 '찌르는 가오리' 라고 부르기도 합니다. 이것은 꼬리에 붙어 있는 바늘 같은 가시가 붙어 있기 때문에 붙여진 이름입니다.

모래 뿌리기

참오징어는 대단히 재미있는 방법으로 작은 새우를 잡아먹습니다.

참오징어는 바닷속 바닥 가까이 헤엄치다가 깔대기 모양의 관으로부터 규칙적인 간격으로 아래쪽으로 물을 뿜어냅니다. 그 때마다 참오징어 밑의 모래가 흩날립니다. 모래에 숨어 있던 새우가 튀어나오면 잡아먹습니다. 물을 뿌려 모래를 뿌리는 셈이지요. 새우들은 몸을 아주 잘 숨깁니다. 이 새우들은 얕은 모래 밑으로 몸을 숨깁니다. 새우는 모래를 덮고 잘 숨습니다. 새우가 움직이지 않고 가만히 있으면 들키지 않습니다. 그러나 움직이기만 하면 참오징어에게 들키고 맙니다.

새우를 발견한 참오징어는 재빨리 2개의 빨판을 뻗

어 새우를 빨아들입니다.

정말 희한한 기능을 가졌지요.

기능 경기

전기 일으키기

물고기 가운데는 전기를 일으키는 것이 있습니다. 이런 물고기는 근육이 발달되어서 만들어진 발전기를 몸에 갖고 있습니다.

전기뱀장어는 몸길이가 약 2.4m나 됩니다. 뱀장어와 모양이 비슷합니다.

몸 뒤쪽과 양쪽 옆구리에 각각 2개씩의 빛을 내는 발광기가 있습니다.

이것으로 약 800볼트의 강한 전기를 일으킵니다. 이처럼 강한 전기는 개울을 건너는 말이나 소를 쓰러뜨릴 수 있다고 합니다.

열대 아프리카에 사는 전기메기는 피부와 근육사이

에 발전기를 갖고 있습니다. 이 발전기로 약 450볼트의 전기를 일으킵니다.

시끈가오리는 약 30볼트의 전기를 냅니다. 이 전기로 먹이를 잡는데 씁니다.

홍어는 2~3볼트의 전기를 냅니다. 몸 속에 전지 같은 것이 있습니다. 홍어는 한번 전기를 내쏘면 다시 몸 속의 전지판에 전기를 충전시켜야 합니다. 그래서 새로 전기를 충전하자면 시간이 필요합니다.

모르미하스 물고기와 침나르카스 라는 물고기도 전기를 일으킵니다. 30볼트의 전기를 일으키니까 등수에 들지도 모릅니다.

집짓기

물 속에 사는데 무슨 집이 필요하냐구요? 그렇지요. 물고기들은 물 속이 집인 동시에 먹이를 구하는 농장이지요. 그런데 집을 잘 짓는 건축가 물고기가 있거든요.

유비퀴더스나 펌프킨시드 라는 물고기는 집을 잘짓는 건축가로 유명합니다.

알을 낳는 늦은 봄이 오면 수컷은 더 한층 아름다워집니다. 수컷은 암컷이 알을 낳을 수 있도록 둥지를 만듭니다. 수컷이 둥지를 만들면 암컷은 그 둥지 속에 들어가 알을 낳습니다.

가시고기도 집을 잘 짓습니다. 수컷은 찐득찐득한 침 같은 것을 뱉아 바닷풀을 다발로 붙여 둥지를 만듭니다. 마치 까치 둥우리같습니다.

수컷은 둥지 밖에서 알을 지키며, 새끼가 까여질때까

지 기다립니다.

따개비는 헤엄을 치지 못합니다. 그래서 튼튼한 혹등고래의 살갗에 붙어서 무전여행을 합니다.

따개비는 혹등고래 덕분에 새로운 장소로 옮길 수 있습니다. 그리고 새로 옮긴 장소에서 풍부한 먹이를 얻을 수 있습니다.

혹등고래는 별 손해도 없으나 따개비는 이득을 봅니다. 혹등고래 덕분에 따개비는 굶어 죽지 않습니다. 집을 짓지 않고도 잘 사는 따개비입니다.

청소하기

청소를 해 주면서 살아가는 물고기가 있습니다.

입 속에 들어가 이빨을 청소해 주고, 어떨 때는 식도에까지 들어가 청소하기도 한답니다.

이런 청소부 물고기들은 청소할 만한 물고기가 될 것 같다고 생각하면 그 물고기에게 가까이 갑니다. 가까이 가서 그 물고기의 몸을 건드리거나, 지느러미나 꼬리를 흔들거나, 가볍게 물거나, 가까이 갔다가 조금 떨어졌다 합니다.

그 때 손님이 되는 물고기는 청소부 물고기의 뜻을 알고 눕거나 물구나무 선 자세를 합니다. 움직이지도 않고 있는 이 괴상한 모습을 보면 꼭 사람과 같다는 생각이 듭니다.

청소부 물고기는 손님 물고기에 붙은 것이나 상처난 곳을 쪼아 시원하게 하여 줍니다. 물론 청소부는 찌꺼기를 수입으로 생각합니다. 다른 대가는 받지 않습니다.

동갈방어는 매가오리의 청소부 노릇을 합니다. 동갈방어는 몸길이가 60㎝나 됩니다.

상어나 가오리, 또는 배를 따라다니면서 남은 찌꺼기를 받아먹는 습성이 있습니다. 매가오리 몸에 붙은 것들을 떼어먹습니다.

레스라는 물고기는 아이티의 앞바다에서 패럿퍼시라는 물고기를 청소해 줍니다.

이 물고기는 패럿퍼시의 입 속에 들어가 이빨을 청소하여 주고 그 입 속의 찌꺼기를 수고비로 먹습니다. 어떨 때는 식도 속까지 들어가 청소를 한답니다. 이 때 패럿피시는 턱을 벌렸다 닫았다 하며 매우 만족해 한답니다.

에인젤피시도 다른 물고기를 손질해 주는 것으로 유명합니다. 멕시코 연안에서는 이 물고기를 '이발사' 라고 부릅니다.

이 물고기는 열대지방의 바다나 강에 삽니다. 몸길이 15cm, 몸빛깔은 은색이며 3개의 검은 띠가 있습니다.

망둥어는 세드라는 물고기 입 속에 들어가 청소를 하여 줍니다. 그러면 세드는 망둥어가 위험할 때는 입을 벌려 망둥어를 숨겨주기도 합니다. 그리고 먹이까지 망둥어에게 주기도 한답니다. 망둥어는 세드에게 되로 주고 말로 받는 꼴이 되지요.

레스는 창꼬치의 뾰족한 이빨 사이를 태연히 헤엄치면서 창꼬치의 입 속에 번식하는 박테리아를 먹습니다.

창꼬치는 레스 덕에 병에 걸리지 않게 됩니다.

나비고기는 노랑촉수 무리의 몸을 청소해 줍니다.

납작한 나비고기는 튀어나온 작은 이빨로 다른 물고

기를 청소할 뿐 아니라, 바닷속의 바위도 깨끗하게 만듭니다.

립피시래스라는 물고기는 독이 있는 거북복을 청소하고 치료하여 줍니다. 거북은 등쪽에 점이 많이 나 있습니다. 그리고 거북복은 때로 적을 막기 위해 독을 냅니다.

그런데 립피시래스가 자기 몸을 치료하고 청소할 동안은 거북복은 결코 독을 뿜어내는 일은 없습니다. 이 거북복은 고마움을 아는 물고기의 하나입니다. 자기에게 이로운 이웃에겐 공격하지 않으니까요.

남아메리카의 강물 속에 사는 칸디루스라는 메기종류의 물고기는 큰 물고기의 아가미 속에서 살아갑니다.

이 물고기는 몸길이가 7cm~8cm의 작은 몸집입니다. 이빨이 날카롭고 아가미에는 가시가 달려 있습니다.

이 아가미의 가시로 기생충을 긁어서 뜯어먹습니다. 목욕하는 사람의 항문이나 요도로 들어가는 일이 있답니다. 이 지방에 사는 사람은 이 물고기를 두려워한다고 합니다.

숨바꼭질

힘이 약한 물고기는 힘이 센 물고기에게 잡히기가 일쑤입니다. 약한 물고기는 대항할 수 없으니까 숨어 버려야 합니다. 그러자면 어떻게 해야 될까요?

재빨리, 감쪽같이 숨어버려야겠지요, 힘센 물고기가 오면 숨거나, 죽은 척하거나, 위장술을 쓰거나 합니다.

또 다른 물고기를 잡아먹는데도 이런 기술을 씁니다.

이것은 살아남기 위한 한 수단으로써의 기술입니다.

먹이 낚기

노란씬벵이라는 물고기는 바닷말이 무성한 어두운 곳에 몸을 감춥니다. 뾰족하게 튀어나온 것을 흐느적거립니다. 먼 데서 보면 꼭 바닷말이 흐느적거리는 것처럼 보입니다.

이 때 작은 먹이가 오면 몰래 가까이 가서 잡아먹습니다.

쏨벵이는 바위로 둔갑하여 먹이를 낚습니다. 바닷말 따위가 붙어 있는 바위처럼 꾸밉니다. 바닷속에 멈추어 있으면 바닷말이 달라붙은 바위로 보입니다. 그런 줄도 모르고 먹이가 되는 물고기가 가까이 오면 놀라운 속도로 따라잡아 먹습니다.

민물에 사는 망둥어는 물 속의 돌자갈 색과 비슷합니다. 돌자갈 속을 재빠르게 나아가거나 몸을 감추거나 합니다. 그러다가 새우 등 작은 먹이가 마음놓고 나타나면 잡아 먹습니다.

배스라는 물고기는 북아메리카의 호수나 못에 알을 낳습니다. 수컷은 알이나 새끼를 보호하는데도 아주 남다릅니다.

이 물고기는 태어나서 20년 뒤에는 몸길이가 90cm, 몸무게가 11kg이나 되는 고기로 자랍니다.

배스는 아주 용감한 물고기이기도 합니다. 힘센 배스의 수컷은 물 위의 쇠오리를 잡아먹습니다. 물고기가 날짐승인 새를 잡아먹는 물고기는 이것 뿐이 아닌가 생각됩니다.

이 물고기의 수컷은 강의 깊은 곳에서 헤엄쳐 올라와 물 위를 낮게 날아다니는 쇠오리를 향해 돌진합니다.

쇠오리는 배스의 입가에 물갈퀴가 달린 발을 남긴 채 입 속으로 사라지고 맙니다.

잽싸게 쇠오리를 낚아채는 솜씨도 또한 뛰어납니다.

감쪽같이 숨기

클링피시라는 물고기는 센 빨대를 가지고 있습니다.

썰물 때 물이 흐르는 바위에 달라붙어 몸을 보호합니다. 아무도 모르게 숨습니다.

숨어 있으면서 입 속에 흘러들어오는 새우 같은 작은 물고기를 먹습니다.

파랑쥐치는 등지느러미의 가시 가운데 3개가 기묘한 무기 구실을 합니다.

가장 앞쪽의 가시는 이 무기의 방아쇠에 해당하고,

두 번째 가시는 발사하는 것으로 되어있습니다. 가시 전체는 회초리같이 휘어서 서기도 하고, 옆으로 눕기도 합니다.

이 물고기를 다른 물고기가 삼키려고 하면 가시가 방해를 합니다. 이 가시는 몸을 지키는데 도움을 줍니다.

또 산호초의 틈바구니에 숨을 때는 이 가시가 걸림쇠 구실을 합니다. 떠내려가지 않도록 하기 위해서입니다.

프랑스그룬트라는 물고기는 대서양에 삽니다. 이 물고기는 소리를 내기 때문에 '코골이' 라는 별명이 붙었습니다. 이 물고기는 노란색 줄무늬를 갖고 있습니다. 움직이지 않으면 둘레의 색깔과 비슷합니다. 낮에는 움직이지 않고 낮잠을 잔다고 합니다. 움직이지 않으면 이 물고기는 발견되지 않습니다.

아마존강에 사는 리프피시라는 물고기는 강에 흐르는 나뭇잎과 아주 닮았습니다. 그래서 이 물고기가 헤엄치면 나뭇잎이 떠내려가는 것같이 보입니다. 그래서 자기 몸을 보호합니다.

가자미나 넙치는 천재적인 요술사입니다. 몸의 색무

늬를 카멜레온같이 변하게 합니다. 간단하게 모래나 검은 뻘을 닮도록 등의 색깔을 변하게 합니다.

캘리포니아 앞 바다나 멕시코의 산호초에 사는 극락어는 눈부시게 아름다운 옷을 입고 있습니다.

지느러미와 비늘 가장자리에서 반짝이는 그 색깔은 파랑, 빨강, 노랑입니다. 몸 가로로 흰색의 띠가 있습니다.

이 색깔로 물 속에서 몸을 보호하고 있습니다.

글라스캣피시라는 물고기는 몸이 유리처럼 투명합니다. 몸 속의 뼈와 창자가 또렷하게 보입니다. 그래서 유리고기라고도 합니다. 물 속에 가만히 있으면 고기인 줄 잘 모릅니다.

바다의 안내자라고 하는 쥐치의 한 종류는 행동으로 자기 몸을 감춥니다.

이 물고기는 둘레의 환경에 따라 자기의 몸빛깔을 변화시킵니다. 그리고 바닷말이 무성한 곳에 몸을 거꾸로 세워 꼬리를 천천히 흔듭니다.

이렇게 하고 있으면 꼭 바닷말이 흔들리는 것같이 보

상어다!
빨리 변신해야
겠다

어때?

입니다.

그러면 지나던 다른 물고기들은 감쪽같이 속습니다.

진주고기는 해삼의 창자 속에 들어가 숨습니다. 진주고기는 열대지방의 얕은 바다에 살고 있습니다. 홀쭉하고 투명합니다. 꼬리까지 합하여 몸길이가 22cm정도 됩니다.

진주고기는 해삼의 꼬리 부분으로부터 항문을 통하여 창자 속까지 들어갑니다. 이렇게 되면 아무리 눈이 밝은 물고기라도 찾을 수 없게 되지요.

진주고기는 어떨 때는 해삼의 창자 있는 곳을 먹어 치웁니다.

어떤 작은 진주고기는 굴 속에 들어갑니다. 굴은 껍질을 닫아 버립니다. 그러면 이 물고기는 영영 밖으로 나오지 못하고 맙니다. 그래서 진주가 됩니다.

숨으려다가 도로 자기가 갇히고 마는 진주고기의 일생이 가련하지요.

굴은 자기 몸 속에 있는 기생 물고기를 없애기 위해 가끔 껍질을 꽉 닫아버린답니다.

아프리카에 사는 실전갱이는 작은 몸집에 어울리지 않는 긴 지느러미를 갖고 있습니다. 바다의 어릿광대라고도 합니다.

이것은 다른 물고기에게 자기 몸을 크게 보이도록 하기 위함이랍니다. 지느러미를 흔들면 크게 보이기도 합니다. 다른 물고기의 눈을 속이는 거지요.

어릴 때는 이처럼 긴 지느러미로 자라서 크면 지느러미는 차츰 작아집니다. 크면 위험한 걸 피할 수 있는 능력이 있기 때문이죠.

얕은 바다에 사는 가시복어는 아주 급한 때에는 몸을 공처럼 부풀리고, 온 몸에 가시가 돋아나도록 합니다.

이렇게 하면 다른 적이 삼킬 수 없게 됩니다.

몸길이는 40cm이며, 몸에는 얼룩무늬의 가시가 있습니다. 독은 없으나 때로는 큰 무리를 지어 그물에 들어간다고 합니다. 어부들을 곤란하게 만드는 일이 가끔 있다고 합니다.

서로 돕고 살기

열대의 바다에 사는 빨판상어는 납작한 달걀 모양의 빨판을 갖고 있습니다. 한번 붙으면 떨어지지 않습니다.

태평양의 어떤 섬에서는 빨판상어를 실에 매달아서 거북을 잡는데 씁니다.

빨판상어는 무엇에게나 잘 붙기 때문에 거북의 껍질에 한번 붙으면 떨어지지 않습니다.

빨판상어는 늘 강한 빨판을 사용하여 다른 큰 상어에 붙어다닙니다. 큰 상어가 먹이를 먹을 때는 떨어져서 상어가 먹다 남긴 찌꺼기를 먹습니다. 그러나 식사가 끝나면 다시 상어에게 달라붙습니다.

빨판상어는 상어 외에도 개복치의 몸이나 청새치의 아가미 속에 붙기도 한답니다.

빨판상어는 몸길이가 30cm나 되는 작은 고기입니다. 큰 상어가 이렇게 작은 물고기에게 관심을 두겠어요?

말미잘과 자리돔은 아주 친한 이웃사촌입니다.

자리돔은 말미잘 집에 세들어 살고 있습니다. 말미잘은 지름 1m나 되는 하얗고 구불구불한 덩어리로 덮인 손가락 같은 빨대가 뒤엉켜 있는 생물입니다.

말미잘은 자리돔을 정확히 알아냅니다. 말미잘은 다른 물고기가 들어오면 바로 찔러 죽입니다. 그런데 자기에게 세들어 사는 자리돔이 들어오면 가만히 있습니다. 그리고 세들어 살지 않는 다른 자리돔이 들어와도 죽여 버립니다.

참으로 수수께끼이지요.

자리돔은 말미잘을 위하여 먹이를 갖고 옵니다. 또 다른 물고기를 말미잘이 잡아먹도록 유인하기도 한답니다.

그러니 말미잘이 자리돔을 고맙게 여겨 가만히 놔두겠지요.

또 말미잘은 너무도 고마워서 자리돔에 붙어 있는 기생충을 떼어 주기도 한답니다.

재두 자랑

몸 속 시계 자랑

시간을 정확히 아는 물고기들이 있습니다. 그 물고기는 그루니온입니다.

캘리포니아의 가까운 바다에 사는 이 물고기는 밀물과 썰물에 영향을 크게 받습니다.

그루니온은 알을 낳기 위해 5월과 8월의 조금 때인 음력 초여드레와 스무사흘이 되는 밤을 정확히 이용합니다.

밀물에 밀려 모래 위에 올라온 그루니온은 밀물이 밀려가기 시작하면 모래 위를 펄떡펄떡 뛰어다닙니다. 그리고 암컷은 꼬리 끝을 모래에 묻고 모래 속 안전한 곳에 알을 낳습니다.

그 위에다 수컷은 정자를 뿌립니다. 다시 밀물이 밀려오면 파도를 타고 암수가 함께 바닷속으로 들어갑니다.

그루니온은 몸 속에 시계를 갖고 있는 게 틀림없습니다. 알을 낳는 날짜와 시간을 어김없이 알고 그 장소까지 갑니다.

1분 1초도 안 틀릴 정도라니 얼마나 놀랍습니까?

농게도 몸 속에 시계를 가지고 있는 모양입니다. 밤과 낮을 정확히 구별하여 압니다.

밤에는 노랗고 흰색으로, 낮에는 검은 색으로 몸 빛깔을 변화시킵니다.

밤에 노랗고 흰 몸 빛깔이 해가 높이 떠오르면 검은

색을 띠게 됩니다.

이런 변화를 24시간마다 되풀이합니다.

몸 빛깔이 더욱 검게 될 때는 간조 때입니다. 간조란 썰물일 때 바닷물의 높이가 가장 낮을 때를 말합니다. 이 때 농게는 활발히 활동합니다.

썰물이 나가고 갯벌이 모습을 드러내면 농게는 모래 굴에서 빠져 나와 돌아다닙니다. 그리고 먹이를 먹습니다.

농게의 껍질이 제일 검게 되는 시각은 매일 50분씩 늦어집니다.

왜 그럴까요?

이것은 밀물과 썰물의 시간이 24시간 50분이기 때문이라 합니다.

밀물과 썰물은 달의 인력 때문에 일어난다고 합니다.

그루니온이나 농게는 달에다 시간을 맞추는 모양이지요.

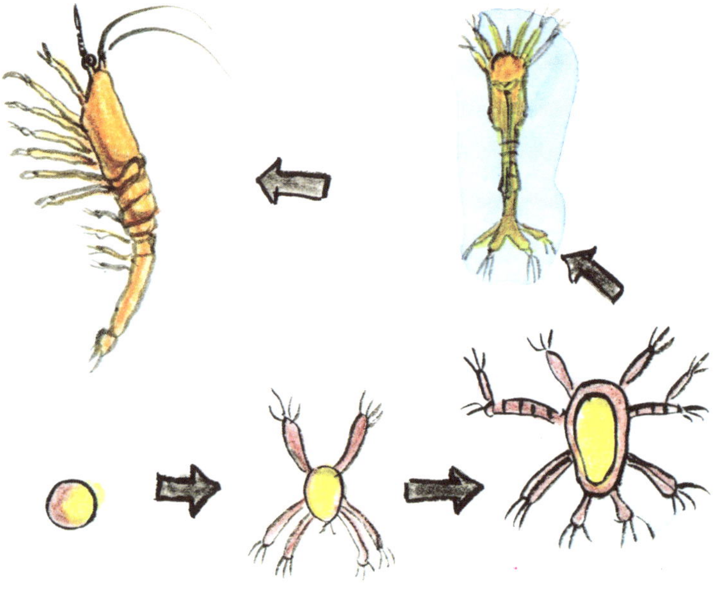

땅 속에서 오래 견디기

물고기가 땅 속에서 오래 견딘다고요? 그렇습니다. 그런 물고기의 종류가 있습니다.

그 곳이 어디냐구요?

그 곳은 뜨거운 사막입니다.

사막을 얼핏 보면 너무 뜨거워서 생명이 숨쉬고 있다고 생각할 수 없습니다. 그런데 그런 사막에도 비만 오면 어디에 숨었다가 나오는지 생물들이 활개를 칩니다.

미국 캘리포니아의 남쪽에 있는 모하비 사막에는 낮

의 온도가 섭씨 38도나 넘습니다. 불볕 더위로 펄펄 끓는다고 해야 옳습니다.

이런 사막에 비가 잠시 내리면 연못이나 호수가 갑자기 이루어집니다.

여름철에 비가 좀체로 오지 않는 모하비 사막에서는 작은 새우가 물이 괴인 연못이나 호수에 모습을 나타냅니다.

참으로 이상하지요, 바짝 말랐던 사막의 어디에서 나타났을까요?

1955년 모하비 사막에 비가 온 것은 25년만이라 합니다. 그러니까 25년 동안 새우가 어디 있다가 나왔을까요? 비가 오고 연못이나 호수에 물이 차자마자 새우 무리가 나타나 우글거렸다 합니다.

이 새우 무리들은 건조하고 소금기가 많은 연못이나 호수의 흙속에서 잠을 자고 있었다고 합니다.

모하비 사막의 연못이나 호수의 물은 햇볕에 이내 증발하고 맙니다. 그렇게 되면 새우들은 어떻게 될까요? 큰일나지요.

그래서 새우들은 서둘러 알을 낳습니다. 호수가 말라 버리면 새우 알들은 흙속에 묻혀 다시 비가 오는 날을 기다리며 긴 잠에 빠집니다.

알을 낳은 새우들은 물이 마르면 죽고 말지만 흙속의 알이 대를 잇습니다.

100년 동안이나 비가 안 와도 이 새우 알들은 흙속에서 잠을 자면서 견딘다고 합니다.

대단한 실력이지요. 참고 견디는 실력 말입니다.

뜨거운 물에 견디기

별난 물고기도 다 있습니다. 온천물에 사는 물고기가 있습니다.

데빌즈 홀 펍피시라는 물고기는 미국의 네바다주의 어떤 동굴에서 나오는 온천물에 삽니다. 온천의 따뜻한 물 속이라지만 뜨겁지 않겠어요.

물고기들은 냉혈동물입니다. 뜨거운 물에 견딜 수 없습니다.

그래서 이 신기한 물고기를 미국에선 천연기념물로

지정하여 보호하고 있습니다.

지금은 이 물고기의 수가 제법 많이 늘어났다고 합니다.

새끼 낳기

물고기는 알을 낳는 것이 보통입니다. 그런데 새끼를 낳는 물고기가 있습니다.

바다납자루는 6cm 크기의 새끼를 낳습니다.

청상아리도 30cm정도 되는 새끼를 낳습니다. 청상아리는 몸길이가 7m나 됩니다. 상어 종류의 대부분이 새끼를 낳습니다. 어떤 상어는 1년 간격으로 새끼를 낳습니다.

또 어떤 작은 상어는 한번에 1마리밖에 낳지 못하는 것도 있습니다.

인도양이나 대서양에서 흔히 볼 수 있는 상어는 4마리에서 6마리까지 낳습니다.

배암상어나 귀상어와 같이 썩은 고기를 먹는 큰 상어는 한번에 20마리 이상씩 낳는다고 합니다.

이렇게 새끼를 낳는 물고기를 태생어라고 합니다.

대부분의 알을 낳는 물고기는 많은 수가 다른 물고기나 동물에게 잡아먹힙니다. 그 때문에 알을 낳는 물고기는 수많은 알을 낳습니다. 그러나 새끼를 낳는 물고기는 그런 걱정이 덜합니다.

망상어도 새끼를 낳는 물고기입니다.

수족관에서 기르는 열대어의 한 종류인 규피도 새끼를 낳습니다.

이들 물고기들도 이런 재주를 가졌으니 놀랍기만 합니다.

암컷의 몸에 붙어 살기

초롱아귀의 수컷은 몸길이가 4cm~9cm쯤 됩니다. 이것은 암컷의 100분의 1밖에 안 됩니다. 어른과 어린아이같다고 할까요? 그러면 암컷은 얼마나 클까요. 60cm~90cm의 큰 고기입니다.

수컷은 빨판 작용을 하는 강한 턱을 사용하여 암컷의 살갗에 붙어서 일생동안 살아갑니다. 초롱아귀의 수컷은 암컷의 혈관을 통하여 영양분을 빨아먹고 삽니다.

잠망경으로 밖을 보기

물고기는 한꺼번에 한 방향 이상의 곳을 볼 수 있습니다.

사람은 머리의 앞쪽에 두 눈이 있기 때문에 90° 정도 넓이밖에 보지 못합니다.

그러나 물고기들은 사람의 2배 이상 넓게 볼 수 있답니다. 물고기의 눈의 렌즈가 둥글기 때문이라고 합니다.

중앙아메리카와 남아메리카의 강에 사는 나블렙스라

는 작은 물고기는 물의 밖과 물 속을 동시에 볼 수 있습니다.

사람은 물 속에 들어가면 밖은 볼 수 없습니다. 다른 대부분의 물고기도 밖으로 몸을 내놓아야만 밖을 볼 수 있습니다.

이 물고기는 기슭에 있는 나무와 습격해 오는 물 속의 적을 다 같이 잘 보고 있습니다.

이 물고기는 공중을 보기 위해 눈을 반쯤 밖으로 내밉니다. 물에 잠긴 반쪽 눈으로 물 속의 물체를 봅니다.

이 물고기는 눈이 물 밖에 나오도록 머리 끝을 내밀어 밖을 살피고, 물 속을 살피며 헤엄쳐 다닙니다.

놀래기과의 물고기 래스는 왼쪽 눈과 오른쪽 눈은 각각 다른 것을 볼 수 있습니다.

참으로 신기하지요.

망원경으로 보기

악셀라이라는 물고기는 얼굴의 반 이상이나 되는 눈을 가지고 있습니다. 그래서 망원이라고 부르기도 합니다.

이 물고기는 눈이 망원경처럼 앞으로 튀어나와 있습니다. 이것은 작은 빛을 최대한으로 이용하려고 하기 때문이랍니다.

작살치의 어린 새끼는 눈이 옆으로 길게 튀어나와 있습니다. 눈을 자유롭게 움직이며 적을 감시하고 먹이를 찾습니다.

이것도 햇빛이 전혀 새어들어오지 않는 곳에서 빛을 최대한 이용하기 위해서입니다.

물고기의 눈은 빛의 양을 마음대로 조절할 수 있습니다.

눈동자를 크게 할 수도 있습니다. 또 작게도 할 수 있습니다. 그래서 움직이는 물체는 다 볼 수 있습니다.

물고기의 눈은 물 속에서 살아가기에 알맞도록 발달되어 있습니다.

알 많이 낳기

알을 가장 많이 낳는 물고기는 몸무게가 7.5kg정도 되는 가자미입니다. 9백만 개의 알을 낳습니다.

대구는 보통 4백만~6백만 개의 알을 낳습니다.

죽지 않고 산다면 수년 안에 바다가 가자미나 대구로 가득찰 것입니다. 그러나 알에서 까여진 새끼는 다른 동물에게 먹히고 100만 마리 정도가 살아 남는답니다.

색깔 구별하기

물고기들은 어느 정도 색깔을 구별할 수 있을까요?

물고기가 사는 바닷속에는 보통 녹색을 띤 푸른 색을 하고 있습니다. 그러면 물고기는 바닷속의 푸른색을 볼 수 있을까요?

상어를 빼고는 물고기는 색깔을 알아서 구별할 수 있답니다.

그래서 어떤 물고기는 자기 몸의 색깔을 보기만 해도 다른 동물이 잡아먹지 못하도록 독기가 있어 보이게 하는 것도 있습니다.

물이 맑은 열대의 산호초 얕은 곳에는 유난히 눈에 띄는 색깔을 한 물고기가 있습니다. 이것도 다른 물고기에게 색깔을 구별시켜 자기 몸을 보호하는 게 아닌가 여겨집니다.

먼 곳 소리 알기

물고기들은 무엇으로 먼 곳의 것을 알까요? 그것은 물고기에 있는 옆줄 때문입니다. 이 옆줄은 머리에서 꼬리까지 이어져 있습니다.

이것은 물고기가 바위나 그밖의 장애물 사이를 지날 때, 파도나 흐름에 밀려갈 때, 물 속에 무엇이 움직일 때 알려주는 기관입니다. 귀의 구실을 하지요.

이 옆줄은 물고기에게 눈에 보이지 않는 먹이가 있는

곳을 알려 줍니다. 또 적의 위치도 알려주어 위험을 면하게 합니다.

대구는 옆줄이 눈에 잘 띄입니다. 멀리서 나는 낮은 소리를 예민하게 느낍니다.

만일 이 옆줄이 없다면 헤엄치는 것도 서툴고 멀리 있는 소리도 알 수 없게 됩니다. 물의 압력의 변화를 느낄 수 없으니까 그렇겠지요.

청어는 옆줄이 아주 발달한 고기입니다. 밤에도 이 옆줄로 모든 걸 압니다. 청어는 새벽이 되면 떼를 지어 활발히 움직입니다.

소리로 신호하기

참바리라는 물고기는 무리들을 모으게 하는 신호를 한다고 합니다. 사람의 귀에는 잘 들리지 않는다고 합니다. 이 물고기도 옆줄이 귀 구실을 합니다. 이 신호에 따라 모인다고 합니다.

새들의 올림픽경기

2008. 11. 10 인쇄
2008. 11. 15 발행

엮은이 대한과학진흥회
펴낸이 신 주 황
펴낸곳 스완미디어
등록 제2-4534호
주소 서울 · 중구 만리동1가 12-33 태영빌딩
대표전화 02) 02-393-0026
팩스 02) 02-312-8349

ISBN 978-89-92565-31-8

값 8,500원
※ 잘못된 책은 구입하신 곳에서 바꾸어 드립니다